CAMBIE

sus

TRAGEDIAS

en

TRIUNFOS

...escalando un nivel más alto en el liderazgo

ABEL LEDEZMA

Prólogo por John C. Maxwell

BETANIA

Un Sello de Editorial Caribe

Betania es un sello de Editorial Caribe

© 2001 Editorial Caribe
Una división de Thomas Nelson, Inc.
Nashville, TN—Miami, FL (EE.UU.)

email: editorial@editorialcaribe.com
www.caribebetania.com

ISBN: 0-88113-638-7

Impreso en EE.UU.
Printed in U.S.A.

2ª Impresión

Contenido

Prólogo   5

Introducción   7

1   El fracaso: Cómo revertirlo   9

2   La tensión: Cómo combatirla   21

3   Los problemas: Cómo conquistarlos   33

4   El sufrimiento: Cómo comprenderlo   43

5   La preocupación: Cómo vencerla   55

6   El enojo: Cómo dominarlo   65

7   La depresión: Cómo derrotarla   77

8   La soledad: Cómo vencerla   93

9   El perdón: Debemos perdonarnos   101

10   El perdón: Cómo perdonar a otros   113

11   La tragedia: Cómo convertirla en triunfo   123

12   El cambio: Cómo lograrlo   133

13   La excelencia: Cómo vivirla   141

Prólogo

Ha pasado por eso o lo está pasando ahora. Está sufriendo por alguna tragedia o fracaso. Sabe lo que es la tensión, el enojo o la soledad. Quiere perdón o está luchando por perdonar. Quiere cambiar... pero ¿cómo?

No es una pregunta fácil de responder, pero a menudos nos hacen creer que una respuesta así puede hallarse en un libro de autoayuda cualquiera. Este libro lo llevará más allá del método y será un punto decisivo en su vida. Tiene el potencial de cambiar para siempre esa manera suya de enfrentar los obstáculos, los desalientos y las «curvas» que la vida se las arregla para lanzar en su camino. Esta es una oportunidad de comenzar un peregrinaje hacia el crecimiento y la salud.

Ha sido un verdadero privilegio para mí ser el mentor de Abel Ledezma en los últimos veinte años y ver el crecimiento de su ministerio. Abel tiene pasión por alcanzar a otros y amor por los pastores. Su pasión no solo es aumentar la calidad de liderazgo en la iglesia local, sino aumentar el conocimiento de las personas que esos pastores dirigen. Su deseo es ayudarlo a usted a extenderse y crecer en el Señor, y ese es el propósito de este libro. He sido testigo del gozo y el entusiasmo que se apodera de él cuando capta una nueva verdad y luego fervientemente la trasmite a otros. Abel no lo abrumará a usted con sus opiniones ni le impondrá su doctrina; sin embargo, en sus enseñanzas descubrirá usted a un hombre de profundidad, sabiduría y compromiso con el Señor.

Independientemente de las curvas que la vida lanza, Abel siempre se ha mantenido centrado en Jesús. Al hablar de sus experiencias, lo llevará a usted a satisfacer en Cristo todas sus necesidades. Así que, vamos, es hora de crecer.

John C. Maxwell
Fundador, The INJOY Group
www.injoy.com

Capítulo 1

El fracaso: Cómo revertirlo

MARK TWAIN HIZO REFERENCIA al fracaso de la siguiente manera: «Si un gato se sienta en una estufa caliente, nunca volverá a sentarse en una estufa caliente. Es más, nunca se sentará en una estufa, ya sea que este fría o que esté caliente. Cada vez que vea la estufa se acordará del fracaso de su quemadura». La experiencia de un fracaso nos impide llegar a ser todo lo que Dios quiere que seamos. En ocasiones preferimos dejar las cosas y situaciones sin terminar por temor a fracasar. ¿Cuántas veces ha dejado de hacer algo importante en su vida? Tal vez ha dejado de hacer algo que Dios pedía por temor al fracaso, y como consecuencia perdió una bendición o promesa. O tal vez no ha sido el cristiano, el esposo o la esposa que debería ser. Tal vez ha fracasado en el matrimonio, en el trabajo, en la carrera o en los negocios. Sin lugar a dudas todos hemos pasado por la experiencia del fracaso. Las siguientes oraciones nos dan una perspectiva nueva sobre el fracaso.

Cuando parece que he fallado, Señor, pienso que estás tratando de decirme algo.

*El que fracase no significa que yo sea un fracasado,
sino que no he tenido éxito todavía.*

*El que fracase no significa que no he logrado nada,
sino que he aprendido algo.*

*El que fracase no significa que he sido un tonto, sino
que tengo fe suficiente para lograr mejores experiencias .*

*El que fracase no significa que he caído en deshonra,
sino que debo intentar de nuevo.*

*El que fracase no significa que no tengo lo necesario,
sino que lo tengo que hacer de manera diferente.*

*El que fracase no significa que yo sea inferior, sino
que no soy perfecto.*

*El que fracase no significa que he desperdiciado mi
vida, sino que tengo una razón de empezar de nuevo.*

*El que fracase no significa que debo darme por ven-
cido, sino que debo perseverar.*

*El que fracase no significa que jamás lo lograré, sino
que necesito más paciencia.*

*El que fracase no significa que me has abandonado,
sino que has de tener una mejor idea. Amén.*

El fracaso es la oportunidad de empezar de nuevo pero
con más inteligencia. El aceptar el fracaso como una finalidad es tener definitivamente un fracaso. ¿Cuántas veces
llegamos a ser prisioneros de nuestros fracasos? Vivimos
una vida llena de temores. No hay disposición para em-
prender nuevas cosas. Tal vez no queremos enfrentarnos a
las circunstancias diarias por temor a volver a caer en un
error anterior que nos lleve al fracaso. La actitud es el fac-
tor determinante en cuanto a que los fracaso nos hagan o
nos deshagan.

La Biblia relata una hermosa historia de Jesús y sus discípulos en **Lucas 5.1-11**. Haciendo un resumen de esta historia, puedo notar que cada día Pedro y sus compañeros salían a pescar por las noches. Era lo más apropiado. Por lo general echaban sus redes y sacaban los peces, pero en esta ocasión habían probado durante toda la noche sin lograr tener éxito. Sin lugar a dudas se sentían cansados, desanimados y frustrados, por lo que regresaron a tierra, donde extendieron sus redes para secarlas y guardarlas. Pero así era su profesión.

Pedro conocía el mar y probablemente tenía las mejores redes y el mejor barco. Era un conocedor de su oficio y sabía donde pescar. En ese momento, Jesús llega y le pregunta a Pedro si puede usar el barco como una plataforma para ministrar a la gente. Pedro pone su barco a la disposición de Jesús. Cuando Jesús terminó de enseñar a las multitudes le dijo a Pedro: «Salid a la parte mas profunda y echad vuestras redes para pescar». Pedro, que con sus amigos había estado pescando durante toda la noche y no había logrado nada, le dice a Jesús que ya habían ido a pescar sin éxito. Sin embargo, añade: «Pero, porque tú lo pides echaré las redes» (Lucas 5.5). Ese día Pedro y sus amigos tuvieron la pesca más exitosa de su vida.

Esta historia nos enseña qué hacer cuando lo mejor de nosotros no es suficiente, cuando nos preparamos para lograr algo pero al final nos damos cuenta de que no salió como lo esperábamos. Pedro sabía lo que hacía. Era un profesional. Conocía el mar. Tenía la experiencia. Pero en este caso lo mejor de él no fue suficiente.

En su vida puede suceder lo mismo. Tal vez está luchando por lograr ciertas cosas y al paso del tiempo se da cuenta que no ha logrado nada. Es cuando estamos en esas condiciones, cuando tenemos el deseo de abandonarlo todo, que Jesús viene para ayudarnos y tomar nuestras redes.

Ahora veamos la parte interesante de esta historia.

Pedro y sus amigos habían trabajado toda la noche y no pescaron nada; pero luego salieron por diez minutos y pescaron más que nunca. Era el mismo lago, el mismo barco, las mismas redes y los mismos pescadores. ¿Qué fue diferente? Al tratar de descubrirlo, descubriremos algunos principios de que conducen al éxito.

I. Apropiémonos de la presencia de Dios

Estando Jesús junto al lago de Genesaret, el gentío se agolpaba sobre él para oír la palabra de Dios. Y vio dos barcas cerca de la orilla del lago, y los pescadores, habiendo descendido de ellas, lavaban sus redes. Y entrando en una de aquellas barcas, la cual era de Simón, le rogó que la apartase de tierra un poco; y sentándose, enseñaba desde la barca a la multitud (Lucas 5.1-3).

Jesús subió a bordo del barco de Pedro. Cuando digo que Jesús subió al barco de Pedro, quiero decir que usó el barco como plataforma para su ministerio. Básicamente lo que Pedro estaba diciendo era: «Todo lo que tengo, todo lo que estimo de corazón, todo lo que me hace tener éxito en los negocios, todo de lo que dependo, Señor, es tuyo». ¿Tiene Dios acceso a todo lo que constituye nuestra vida? Muchas veces separamos lo secular de lo espiritual, apartamos nuestra vida espiritual de nuestro trabajo, negocio o profesión. Sin embargo, Dios quiere tener acceso a la totalidad de nuestro ser y sólo bendecirá lo que le entreguemos. Jamás bendecirá lo que retengamos.

Hay algo sobre Jesús que debemos recordar siempre. Al tenerlo en nuestro barco (vida), se elimina el temor al fracaso y se reducen las preocupaciones sobre los resultados. Cuando Pedro hizo de Jesús su compañero de pesca, el resultado fue impresionante: pescó más que nunca. ¿Por qué? Porque Pedro primero usó el barco para que se cumpliera el propósito de Jesús. El Señor tomó el barco y enseñó a las multitudes; y luego de usar el barco para cumplir su propósito, Dios empezó a suplir las necesidades de Pedro. **Mateo 6.33** nos dice:

Buscad primeramente el reino de Dios y su justicia, y todas las cosas os serán añadidas.

Esto quiere decir que debemos entregarlo todo a Dios y ponerlo a Él primero en nuestra vida. Entonces Él nos bendecirá.

¡Apropiémonos de la presencia de Dios!

II. Estemos dispuestos a cooperar con el plan de Dios

Cuando terminó de hablar, dijo a Simón: Boga mar adentro, y echad vuestras redes para pescar (Lucas 5.4).

Pedro y sus amigos salieron de nuevo a pescar, pero ya bajo la dirección de Cristo y siguiendo sus instrucciones. No tan solo debemos apropiarnos de la presencia de Dios en nuestra vida, sino que también debemos estar dispuestos a cooperar con el plan de Dios. Jesús dio instrucciones de dónde, cuándo y cómo pescar. La reacción de Pedro hacia lo que le pedía Jesús fue hermosa y digna de considerar.

Tres observaciones sobre la actitud de Pedro

1. No se resistió

A pesar de su experiencia, Pedro no opuso resistencia ni discutió con Jesús. No dijo: «Yo soy Pedro, el pescador más experto del mundo». Ni dijo: «Me he ganado una buena reputación en este oficio». Simplemente estuvo dispuesto a cooperar con el plan de Dios.

2. No titubeó

Pedro no hizo ninguna pregunta ni dudó de la palabra de Jesús. Solamente obedeció. Podía haber pensado que si no habían pescado nada durante la noche, menos iba a pescar al mediodía, cuando el sol estaba en su mayor fuerza sobre el agua. Desde el punto de vista humano no era un buen tiempo, puesto que los rayos del sol pegaban con fuerza sobre el agua, pero Pedro fue obediente.

3. No le hizo caso a sus sentimientos

Pedro se sentía cansado y desvelado por haber trabajado toda la noche anterior, pero no dejó que su actitud y sentimientos lo desanimaran. Estuvo dispuesto a cooperar con el plan de Dios. Jesús le dijo a Pedro, «Sal a la parte más profunda» (v.4). ¿Por qué Jesús le dijo que fuera a la parte más profunda? En la parte más profunda es donde están los peces más grandes; en la orilla siempre están los peces más pequeños.

En la vida espiritual, las personas subsisten en la superficialidad, en las orillas. Hay muy poca profundidad en sus vidas. La mayoría de las personas no se atreven a entrar en aguas profundas. Prefieren la orilla del mar. Prefieren conformarse con jugar alrededor de la orilla, porque es más seguro. Muy pocos se arriesgan a cruzar las profundidades, porque piensan: «Si voy a la parte más profunda, puede haber algunas olas que pueden voltear mi barco y hundirlo».

Sin embargo, el propósito de Dios es que no se quede en la orilla. El deseo de Dios es guiarle así como guió a Pedro.

Jesús no vino a salvarnos para que no pase nada importante en nuestra vida. Si usted quiere éxito en la vida, tiene que estar dispuesto a cooperar con el plan de Dios. Y Él quiere llevarle a lo profundo, no para ahogarle, sino para hacerle un triunfador.

III. Espere que Dios ha de obrar en su vida

Respondiendo Simón, le dijo: Maestro, toda la noche hemos estado trabajando, y nada hemos pescado; mas en tu palabra echaré la red. Y habiéndolo hecho, encerraron gran cantidad de peces, y su red se rompía (Lucas 5.5-6).

Es importante notar que fue Jesús quien tomó la iniciativa de ir a pescar. En el segundo intento de ir a pescar, Pedro y sus compañeros actuaron basados en las promesas de Dios a ellos. Se fueron de nuevo a pescar porque creyeron a Dios. Ahora bien, Jesús no dice específicamente: «Pedro, si vas a pescar conmigo, te prometo una buena pesca». Jesús no tenía necesidad de decirle tal cosa, el discípulo había obedecido: se subió al barco y echó las redes. Pedro esperó a que Dios obrará. Confió en las promesas de Dios y no en sus habilidades de pescador.

Cuando usted se apropia de la presencia de Dios en su barco, y se mete el plan de Dios en su cabeza y reclama las promesas de Dios en su corazón, no va a fracasar.

Lecciones aprendidas de esta historia
   1. Inténtelo de nuevo con Cristo

Cuando mi hijo Abel Isaac tenía 11 años de edad, lo se-
leccionaron para una competencia de carreras de ciento
cincuenta metros a nivel escolar. En la primera carrera llegó
en tercer lugar. Un poco desanimado, traté de motivarlo
diciéndole que había llegado en tercer lugar, a lo que él me
respondió: «Papá, solo había tres personas en la carrera».
Para animarlo, le dije que podía seguir intentándolo hasta
lograrlo. En la segunda oportunidad de la carrera mi hijo
Abel llegó en segundo lugar. Pedro tampoco se dio por
vencido: regresó a pescar en obediencia y lo logró. En muchas ocasiones nos damos por vencidos cuando fracasamos
la primera vez, pero yo le animo a que pruebe otra vez, pero
ahora con Cristo a su lado. Dios está interesado en que
triunfe.

2. Cuando obedecemos somos de bendición a otros

En el momento en que empiece a obedecer a Dios, a decirle «sí» a sus mandamientos, no solo será bendecido sino
que será de bendición para otros. Veamos los versículos del
5 al 7:

*Respondiendo Simón, le dijo: Maestro, toda la noche
hemos estado trabajando, y nada hemos pescado; mas
en tu palabra echaré la red. Y habiéndolo hecho, encerraron gran cantidad de peces, y su red se rompía.
Entonces hicieron señas a los compañeros que estaban
en la otra barca, para que viniesen a ayudarles; y vinieron, y llenaron ambas barcas, de tal manera que se hundían (Lucas 5.5-7).*

La obediencia de estos discípulos fue de bendición para
otros. Pedro respondió:

Maestro, hemos trabajado toda la noche y no hemos pescado nada; pero porque tú lo pides, echaré las redes. Y cuando lo hicieron [Obediencia] encerraron una gran cantidad de peces de modo que sus redes se rompían; entonces hicieron señas a sus compañeros que estaban en la otra barca para que vinieran a ayudarlos, y vinieron, y llenaron ambas barcas, de tal manera que se hundían.

Si Pedro no hubiera obedecido al Señor, sus compañeros nunca hubieran alcanzado las bendiciones. Es a través de la obediencia que somos bendición para otros; pero también es a través de nuestra desobediencia hacia el Señor que causamos dificultades a otros. La decisión es nuestra.

3. La humildad nos indica que hemos visto a Dios hacer milagros

«Muéstreme a una persona con humildad y yo le mostraré a una persona que ha visto el poder de Dios en su vida».

Viendo esto Simón Pedro, cayó de rodillas ante Jesús, diciendo: Apártate de mí, Señor, porque soy hombre pecador. Porque por la pesca que habían hecho, el temor se había apoderado de él, y de todos los que estaban con él (Lucas 5.8-9).

Pedro tuvo esta experiencia en su vida. El hombre que era conocedor de la pesca, conocedor del mar, conocedor de los tiempos y conocedor de las herramientas que se deberían de usar, vio que todo eso era insuficiente. Es en nuestra insuficiencia donde Dios es más que suficiente.

Pedro y sus compañeros vieron el poder de Dios obrando después de que habían experimentado un fracaso. Pero reconocieron con humildad que Dios podía cambiar las circunstancias de la vida de un día para otro.

4. Un éxito nos lleva a más éxitos

En el momento en que experimentamos algún éxito bajo la dirección de Dios, nos convertimos en candidatos a ver milagros y éxitos más grandes. Lucas 5.9-11, nos dice:

Por la pesca que habían hecho, el temor se había apoderado de él, y así mismo de Jacobo y Juan, hijos de Zebedeo, que eran compañeros de Simón. Pero Jesús dijo a Simón: No temas; desde ahora serás pescador de hombres. Y cuando trajeron a tierra las barcas , dejándolo todo, le siguieron.

Es interesante notar que Pedro y sus compañeros no se conformaron con un solo milagro. Se dijeron: «Esto es solamente el principio de lo que hemos visto», y decidieron ser parte de muchos milagros más. Cuando llegamos a tener éxito en algo en la vida, nuestra confianza y fe aumentan.

Un excelente ejemplo de fe y confianza en Dios es la historia de David. Él pudo hacer frente al gigante Goliat, porque antes, con la ayuda de Dios se había enfrentado a osos y leones. David tenía la seguridad de que Dios le ayudaría con el gigante. Cuando los hijos de Israel miraban al gigante, decían entre sí: «Goliat es tan grande que no podemos con él». David miró al mismo gigante pero dijo: «Dios es tan grande que no puedo fallar». El éxito en la vida de David al derrotar a leones y osos lo llevó a un éxito más grande.

Debemos perseverar, no lo olvidemos. Sigamos hacia

adelante hasta lograr el éxito deseado, puesto que ese éxito nos llevará a otro éxito.

No nos conformemos solo con un milagro. Al igual que Pedro y los discípulos lo dejaron todo por recibir lo que Dios tenía para ellos, no nos detengamos y recibamos todo lo que Dios tiene para nuestra vida.

5. Dios es la diferencia en nuestra vida

Dios marca una diferencia en la vida; pero aún más, Él es la única diferencia. Si quitamos a Jesús de esta historia, vamos a encontrar a unos pescadores cansados, frustrados y desanimados. Pero porque ellos le dieron a Jesús la oportunidad de entrar en todo lo que eran y hacían, Jesús cambió el fracaso de ellos en éxito. Jesús puede hacer lo mismo en la vida si se lo permitimos. Él marca una diferencia total en nuestra vida, matrimonio, familia, ministerio, negocio y trabajo.

Si queremos revertir el fracaso, debemos hacer varias cosas:

1) Apropiémonos de la presencia de Dios

Dios quiere tener acceso a todo para bendecirnos. Sólo bendecirá lo que le entreguemos y no podrá bendecir lo que retengamos. Esto quiere decir que debemos entregárselo todo a Dios y ponerlo en el primer lugar en nuestra vida. Así recibiremos su bendición.

2) Estemos dispuestos a cooperar con el plan de Dios

No tan solo debemos apropiarnos de la presencia de Dios en nuestra vida, sino que también debemos estar dispuestos a cooperar con el plan de Dios. Dejemos que Jesús sea el que nos dé instrucciones de dónde, cuándo y cómo hacer su voluntad

3)   Estemos seguros de que Dios obrará en nuestra
       vida

Cuando nos apropiamos de la presencia de Dios en
nuestro barco, y ponemos el plan de Dios en nuestra cabeza y echamos manos de las promesas de Dios en nuestro
corazón, no vamos a fracasar.

¡Cambiemos nuestras tragedias en triunfos!
Podemos revertir el fracaso y convertirlo en un éxito.

Capítulo 2

La tensión: Cómo combatirla

E N EL EVANGELIO SEGÚN MATEO 11.28-30 se nos dice:

> *Venid a mí, todos los que estáis trabajados y cargados, y*
> *yo os haré descansar. Llevad mi yugo sobre vosotros y*
> *aprended de mí, que soy manso y humilde de corazón, y*
> *hallaréis descanso para vuestras almas. Porque mi yugo*
> *es fácil y ligera mi carga.*

¿Cómo reacciona usted cuando tiene tensiones? Hay personas que cuando tienen tensiones se castigan, dejan de alimentarse, pierden el apetito. Otras personas no duermen, y como consecuencia expresan su tensión de diferentes formas (y muchas veces los que están a su alrededor se ven afectados por la ansiedad que experimentan). A veces descuidan su aseo personal, no se bañan y no atienden a su familia.

Como podemos ver, se pierde mucho cuando la tensión llega a controlar a la persona. Hay momentos difíciles en que la tensión produce situaciones de mucha presión en el ministerio, la vida diaria, etc.

Las siguientes preguntas nos ayudan a saber si la tensión está empezando a controlar nuestra vida:

1. ¿Nos alteran los pequeños problemas y desilusiones más de lo debido?

2. ¿Se nos hace difícil llevarnos bien con la gente?

3. ¿Ya no disfrutamos de las cosas que antes nos agradaban?

4. ¿Sospechamos de la gente cuando no deberíamos hacerlo?

- Cuarenta millones de personas en los Estados Unidos sufren de algún tipo de tensión.
- Treinta millones de personas en los Estados Unidos pierden el sueño por causa de las tensiones.
- Veinticinco millones de personas en los Estados Unidos sufren de tensión por causa de las presiones.
- Veinte millones de personas en los Estados Unidos sufren de úlceras por causa de las tensiones.

El Dr. David Stew dijo: «Del 75% al 90% de todas las enfermedades que tenemos son el resultado de ansiedades y tensiones». Es mi deseo que a través de este capítulo podamos aprender a aplicar los principios bíblicos a nuestra vida para así combatir la tensión.

El gran predicador D.L. Moody dijo: «La Biblia no nos fue dada para aumentar nuestro conocimiento, sino para cambiar nuestra vida». Si examinamos la vida de Jesús, encontraremos que vivía bajo presiones constantes.

- Había mucha demanda de su tiempo. Todos querían que Jesús los atendiera.
- Constantemente la gente lo interrumpía. En la ma-

yoría de las ocasiones lo malentendían, lo criticaban
o querían ponerlo en ridículo.

Pero al ver la vida de Jesús, admiro la paz que demostró
bajo presión. A pesar de que la tormenta era fuerte, mante-
nía la calma.

A continuación veremos principios bíblicos que nos
ayudarán a combatir la tensión.

I. Sepamos quiénes somos: Es cuestión de identidad

Una de las razones por la que Cristo tuvo éxito bajo presión es que Él sabía quien era.

Jesús nunca dudo de su identidad. Si nos vamos al Evangelio según San Juan, encontraremos pasajes contundentes
que hablan de la identidad de Cristo. Por ejemplo Jesús
dijo de sí mismo:

- *Yo soy la luz del mundo* (Juan 8.12).
- *Yo soy la puerta* (Juan 10.9).
- *Yo soy el camino, la verdad, y la vida* (Juan 14.6).
- *Yo soy el buen Pastor* (Juan 10.11).
- *Yo soy el Hijo de Dios* (Juan 10.36).

Cristo sabía bien quién era. Siempre estuvo seguro de su
identidad. El primer principio para tratar con la tensión en
la vida es: Sepamos quiénes somos.   Esto es muy
importante, porque si uno no sabe quién es, alguien va a
tratar de decirle quién piensa que es. Si uno no sabe quién
es, otros pueden manipularlo y presionarlo para que sea
alguien que no es.

Muchas de las tensiones en la vida son el resultado de
que usamos una máscara. No somos sinceros. Vivimos una

vida doble. Fingimos lo que no somos. La inseguridad siempre produce presiones en la vida, y nunca nos dejará tener nuestra propia personalidad.

Hay tres cosas que tenemos que saber en cuanto a nosotros

a) Dios nos creó, y con un propósito

En el momento en que comprendemos que Dios nos creó, que nos hizo a su imagen y semejanza, empezamos a sentir que tenemos un propósito en la vida. Hay muchas personas que viven con la idea de que están en este mundo por un accidente de la vida, que sus padres no los planearon. Quiero declarar enfáticamente que nadie está en este mundo por accidente. Dios nos creó con un propósito.

Le animo a que busque su propósito en la vida y glorifique a su Creador por medio de él.

b) Somos hijos de Dios, y eso nos da un privilegio

Si comprendemos que Dios nos creó, sabemos que tenemos un propósito en la vida. Entonces si llegamos a comprender que somos hijos de Dios, nos daremos cuenta de que somos personas privilegiadas. En Juan 1.11-12 se nos dice:

A lo suyo vino, y los suyos no le recibieron. Mas a todos los que le recibieron, a los que creen en su nombre, les dio potestad de ser hechos hijos de Dios.

c) Dios nos ha escogido, y eso nos ofrece un plan
En 1 Pedro 2.9 se nos dice:

Mas vosotros sois linaje escogido, real sacerdocio, nación santa, pueblo adquirido por Dios, para que anun-

ciéis las virtudes de aquel que os llamó de las tinieblas a su luz admirable.

Y en Juan 15.16 también se nos dice:

No me elegisteis vosotros a mí, sino que yo os elegí a vosotros, y os he puesto para que vayáis y llevéis fruto, y vuestro fruto permanezca; para que todo lo que pidiereis al Padre en mi nombre, él os lo dé.

Cuando unimos estas tres cosas *(propósito, privilegio y plan)*, nuestra vida empieza a tener sentido. Podemos caminar por la vida *sabiendo quiénes somos.*

II. Sepamos a quién estamos tratando de agradar: Es cuestión de dedicación

En Juan 5.30, Cristo nos dice:

No puedo yo hacer nada por mí mismo; según oigo, así juzgo, y mi juicio es justo, porque no busco mi voluntad, sino la voluntad del que me envío, la del Padre.

Jesús estaba bien definido en cuanto a quién estaba agradando. Si queremos aliviarnos la tensión, tenemos que definirnos sobre a quién vamos a agradar. No podemos agradar a todo el mundo. No podemos quedar bien con todos. No podemos servir a dos señores, porque con uno quedaremos mal y con el otro quedaremos bien.

Ni siquiera Dios ha podido quedar bien con todos. Cuando unos están contentos con Dios, otros están enojados. Cuando no sabemos a quién estamos agradando, nos doblegamos ante cualquiera de las siguientes cosas:

a) A la crítica. Nos preocupa lo que los demás piensan de nosotros

Cuando se vive bajo la tensión de la crítica por no estar definidos sobre a quién se esta agradando, se vive con fuertes tensiones.

b) A la competencia. Nos preocupamos si vemos que otros se nos están adelantando.

Aquí se vive con el espíritu de querer llegar primero o siempre ganar.

c) Al conflicto. Nos sentimos amenazados cuando alguien está en desacuerdo con nosotros

El conflicto viene cuando alguien está en desacuerdo con nosotros y eso nos hace sentirnos amenazados y tensos.

En mis años como pastor y conferencista, al estar frente al público, aprendí la fórmula del fracaso, la cual es la siguiente: El fracaso empieza cuando uno trata de quedar bien con todos. En algún momento con alguien quedará mal, pues es muy difícil agradar a todos. Mi prioridad como pastor es agradar a Dios y quedar bien con mi Señor.

III. Sepamos lo que estamos tratando de lograr: Es cuestión de prioridades

En Juan 8.14 se nos dice:

> *Respondió Jesús y les dijo: Aunque yo doy testimonio acerca de mí mismo, mi testimonio es verdadero, porque sé de dónde he venido y a dónde voy; pero vosotros no sabéis de dónde vengo, ni a dónde voy.*

En este formidable pasaje, Jesús afirma saber de dónde viene, a dónde va y lo que necesitaba lograr durante su vida aquí en la tierra. Cada día que vivimos lo vivimos por prioridades o por presiones. No hay otras opciones. He encontrado que en esta vida uno o se organiza o agoniza. Cuando nuestra vida no está organizada en relación con prioridades ni de acuerdo con nuestras energías, surgen las tensiones que nos hacen sufrir. La organización previene la presión; pero la tardanza la produce.

IV. Concentrémonos en una cosa a la vez: Es cuestión de metas

Las personas que sufren constantemente de tensiones no saben mantener los ojos en la meta. En la vida de Jesús varias personas trataron de desviarlo de su objetivo.

Jesús tenía una meta, sabía lo que tenía que hacer y lo que quería lograr, como podemos ver en Lucas 4.42-44.

Cuando ya era de día, salió y se fue a un lugar desierto; y la gente le buscaba, y llegando a donde estaba, le detenían para que no se fuera de ellos. Pero Él les dijo: Es necesario que también a otras ciudades anuncie el evangelio del reino de Dios; porque para esto he sido enviado. Y predicaba en las sinagogas de Galilea.

Nuestras decisiones en lo que se relaciona a nuestras prioridades se basan en lo que es: «bueno» o «mejor».

Tal vez la pregunta pertinente en este momento es: ¿Cómo podemos saber en qué debemos concentrarnos primero? Hace muchos años aprendí de mi amigo John Maxwell las siguientes tres preguntas importantes para establecer mis prioridades:

a) Requisito. ¿Qué se requiere de nosotros?

Para poder tomar una decisión, preguntémonos: ¿Qué se requiere de nosotros?

b) Retribución. ¿Qué nos da una mejor retribución?

Es bueno saber en dónde vamos a cosechar más por el tiempo que invertimos.

c) Recompensa. ¿Qué nos da una mayor recompensa?

En otras palabras, ¿qué es lo que nos hace felices? ¿Qué es lo que nos da más gozo?

Cuando se concentre en hacer algo piense en hacer una cosa a la vez. Los problemas son como los rompecabezas. Nadie puede terminarlos en un solo momento; hay que ir pieza por pieza. El problema puede tener cinco o más soluciones. Todo está en pensar y tomar la solución más fácil. Al estar realizando un examen de doscientas o más preguntas, siempre tome la decisión de empezar por la más fácil. Nadie empieza por lo más difícil. De la misma manera, enfrente una a una las tensiones o situaciones y las arreglará más rápido. Se llega a la tensión por no saber solucionar las cosas de una manera más rápida.

V. Aprendamos a no hacerlo todo solos: Es cuestión de delegar

En Marcos 3.13-14 se nos dice:

Después subió al monte, y llamó a sí a los que él quiso; y vinieron a él. Y estableció a doce, para que estuviesen con él, y para enviarlos a predicar.

En otras palabras, Jesús siempre se rodeó de otras personas y delegaba responsabilidades.

Las tensiones y las alteraciones del sistema nervioso se producen por la desesperación de querer hacerlo todo solos, de pensar que todo depende de nosotros. ¿Por qué no hacer que otras personas participen? ¿Por qué queremos hacerlo todo nosotros mismos? ¿Por qué no delegamos? Por dos razones:

1) Somos perfeccionistas.

Nos decimos: «Si quiero un trabajo bien hecho, tengo que hacerlo yo». Esta es una buena idea, pero no siempre funciona. Hay muchas cosas que se tienen que hacer y simplemente no tenemos el tiempo, ni el conocimiento para hacerlas.

¿Creé usted que Cristo hubiera podido hacer un mejor trabajo que sus discípulos? ¡Claro que sí! Pero dejó que ellos hicieran el trabajo, aunque Él lo hubiera hecho mejor. Necesitamos dejar que otras personas intenten hacer las cosas, aun cuando cometan errores, pues a pesar de los errores se aprende.

2) Nos sentimos inseguros.

Muchas veces pensamos de la siguiente manera: «¿Qué pasa si le doy la responsabilidad a alguien y hace   trabajo mejor que yo?» Pero si usted sabe quién es, a quién está tratando de agradar, qué es lo que quiere lograr, y se concentra en una sola cosa a la vez, nunca se sentirá amenazado. Si quiere ser efectivo en su vida y trabajo, tiene que involucrar a otros.

VI. Hagamos un hábito de la oración personal: Es cuestión de disciplina.

Jesús vivió una vida ocupada pero nunca demasiado ocupada, como para no dedicar un tiempo a estar quieto y orar.

Veamos lo que nos enseña Marcos 1.35:

Levantándose muy de mañana, siendo aún muy oscu-
ro, salió y se fue a un lugar desierto, y allí oraba.

Debemos aprender este hábito. Muchos de nuestros problemas vienen de nuestra incapacidad de estarnos quietos. Si uno entra a una casa y se encuentra solo, ¿qué es lo primero que hace? Probablemente enciende la televisión. El silencio nos incomoda. Sin embargo Dios nos dice en Salmo 46.10:

Estad quietos, y conoced que yo soy Dios.

Una de las razones por las que las personas no conocen a Dios personalmente es que no pueden estarse quietos. Están demasiado ocupados para orar y pensar.

VII. Aprendamos a tomar tiempo para disfrutar la vida: Es cuestión de su tiempo libre

Cuando los discípulos regresaron y le reportaron a Jesús todo lo que habían hecho y enseñado:

Él les dijo: Venid vosotros aparte a un lugar desierto, y
descansad un poco. Porque eran muchos los que iban y
venían, de manera que ni aun tenían tiempo para co-
mer (Marcos 6.31).

Otra razón por la que Cristo podía tratar con la tensión es que sabía cuándo descansar.

Frecuentemente iba a las montañas o al desierto para re-lajarse. ¿Cuánto tiempo toma por semana para descansar? A veces lo más espiritual que podemos hacer es tomar tiempo para descansar.

VIII. Aprendamos a entregarle nuestras tensiones a Cristo: Es cuestión de entrega

En Mateo 11.28-30 encontramos las palabras del Señor Jesús:

> *Venid a mí, todos los que estáis trabajados y cargados, y yo os haré descansar. Llevad mi yugo sobre vosotros, y aprended de mí, que soy manso y humilde de corazón; y hallaréis descanso para vuestras almas. Porque mi yugo es fácil, y ligera mi carga.*

Jesús no dijo: «Venid a mí y yo les daré más sentimientos de culpa, más carga, más tensiones y mayores preocupaciones». Jesús quiere darnos descanso, paz, y fuerza. Cuando estemos cansados y abatidos, ¡digámoslo a Cristo! Entreguemos nuestras tensiones a Jesús.

Aplique los principios bíblicos que lo llevarán a combatir la tensión:

1) Sepamos quiénes somos: Es cuestión de identidad
2) Sepamos a quién estamos tratando de agradar: Es cuestión de dedicación.
3) Sepamos lo que estamos tratando de lograr: Es cuestión de prioridades.
4) Saber estar enfocado en una sola cosa a la vez: Es cuestión de metas.
5) Aprendamos a no hacerlo todo solo: Es cuestión de delegar.
6) Hagamos un hábito de la oración personal: Es cuestión de disciplina.
7) Aprendamos a tomar tiempo para disfrutar la vida: Es cuestión de su tiempo libre.

8) Aprendamos a entregarle nuestras tensiones a Cristo: Es cuestión de entrega.

¡El puede transformar nuestro estilo de vida de las tensiones a la libertad!

Cambie sus tragedias en triunfo.
La tensión la podemos combatir.

Capítulo 3

Los problemas:
Cómo conquistarlos

CUANDO DIOS VA A HACER ALGO maravilloso en nuestra vida, por lo general empieza por un problema. La Palabra de Dios nos da muchos ejemplos sobre este principio.

Uno de estos ejemplos es la historia más conocida del rey Josafat, que nos describe una de las más grandes batallas en la vida del pueblo de Israel. Es una historia muy apropiada para cada uno de nosotros, porque todos en un determinado momento hemos entablado alguna batalla. Tal vez hayan sido batallas financieras, espirituales, familiares o matrimoniales. En la historia de Josafat encontramos algunos principios espirituales que serán de vital importancia para conquistar las batallas que a diario enfrentamos en nuestra vida.

Josafat, rey de Israel, recibió de sus amigos la noticia de que tres naciones avanzarían contra él y su pueblo. Tendrían que pelearlas. Pero iba a ser una batalla desigual, puesto que eran tres naciones contra una sola. Para poder entender mejor esta historia, veremos 2 Crónicas 20, donde encontraremos principios que nos ayudarán a conquistar las batallas de la vida.

I. Conozcamos quién es nuestro enemigo

2 Crónicas 20.1-2 nos habla de este principio.

Pasadas estas cosas, aconteció que los hijos de Moab y de Amón, y con ellos otros de los amonitas, vinieron contra Josafat a la guerra. Y acudieron algunos y dieron aviso a Josafat, diciendo: Contra ti viene una gran multitud del otro lado del mar, y de Siria; y he aquí están en Hazezon-tamar, que es En-gadi.

Lo primero que el rey Josafat hizo fue saber y conocer quiénes eran sus enemigos. Muchas personas no saben quiénes son en verdad sus enemigos. Viven desconfiando y culpando a los demás, porque no han logrado identificar al verdadero enemigo. A menudo pensamos que el enemigo es la persona que está tratando de quitarnos el trabajo, o algún miembro de familia o de la iglesia que no está de acuerdo con nuestros pensamientos. Pero la mayoría de las veces nuestro enemigo no es la gente que nos rodea, aunque siempre habrá personas a las que no les seamos del todo gratos. El enemigo número uno es nuestra actitud. No es tanto el problema lo que nos hace caer o batallar, sino cómo enfrentamos ese problema.

Tenemos que cambiar nuestras perspectivas y no nuestros problemas. Antes de empezar a ganar en nuestras batallas personales, debemos conocer bien a fondo al enemigo.

Veamos en el versículo 3 cuál fue la reacción del rey Josafat al enterarse de que tres naciones avanzaban contra él.

Se alarmó (2 Crónicas 20.3)

Entonces él tuvo temor; y Josafat humilló su rostro para consultar a Jehová, e hizo pregonar ayuno a todo Judá.

Esta es una reacción natural en todo ser humano. Cuando una persona se ve ante un problema, puede pensar y preguntarse qué le sucede, por qué está sintiendo miedo. Esta reacción hacia el problema es muy natural y no es mala, a menos que se maneje mal. Si usamos el temor como una motivación para conquistar el problema, está bien; pero si por el contrario nos desanima y nos damos por vencidos, el temor nos derrotará.

¡No lo olvide! El verdadero enemigo es nuestra actitud. Conozca quién es su enemigo.

II. Lleve su problema al Señor
En 2 Crónicas 20.3-4 se nos dice:

Entonces él tuvo temor; y Josafat humilló su rostro para consultar a Jehová, e hizo pregonar ayuno a todo Judá. Y se reunieron los de Judá para pedir socorro a Jehová; y también de todas las ciudades de Judá vinieron a pedir ayuda a Jehová.

Josafat tuvo miedo porque estaba enfrentándose a una situación aparentemente desesperante. ¿Qué fue lo que hizo? Su temor lo llevo a buscar a Dios. Inmediatamente proclamó ayuno e hizo que todas las personas de Judá se reunieran a buscar al Señor. La gente acudió de todas partes a buscar al Señor.

- La oración deberá ser la primer arma que debemos usar al entablar las batallas de la vida, no la última.
- La oración es el área más inexplorada de la vida cristiana.
- La oración es el arma más poderosa de la vida cristiana.
- La oración es la batalla que el infierno más aborrece.
- La oración es el instrumento más secreto de la vida cristiana.
- La oración es el poder que menos se aprecia en la vida cristiana.
- La oración es la verdad menos enseñada en la vida cristiana.
- La oración es el ejercicio más apremiante en la vida cristiana.
- La oración es la responsabilidad más descuidada en la vida cristiana.
- La oración es la guerra donde hay mayor resistencia en la vida cristiana.
- La oración es el ministerio de más largo alcance de la vida cristiana.

Su problema no tendrá solución hasta que lo lleve a Dios.

¡Llévele su problema al Señor!

III. Reconozca que usted solo no puede

Y dijo: Jehová Dios de nuestros padres, ¿no eres tú Dios en los cielos y tienes dominio sobre todos los reinos de la naciones? ¿No está en tu mano tal fuerza y poder, que no hay quien te resista? Dios nuestro, ¿no echaste tú los moradores de esta tierra delante de tu pueblo Israel, y la diste a la descendencia de Abraham tu amigo para siempre? Y ellos han habitado en ella, y te han edificado en ella un santuario a tu nombre, diciendo: Si el mal viene sobre nosotros, o espada, de castigo, o pestilencia, o hambre, nos presentaremos delante de esta casa, y delante de ti (porque tu nombre está en esta casa), y a causa de nuestras tribulaciones clamaremos a ti, y tú nos oirás y salvarás. Ahora, pues, he aquí los hijos de Amón y de Moab, y los del monte de Seir, a cuya tierra no quisiste que pasase Israel cuando venía de la tierra de Egipto, sino que se apartase de ellos, y no los destruyese; he aquí ellos nos dan el pago viniendo a arrojarnos de la heredad que tú nos diste en posesión. ¡Oh Dios nuestro! ¿no los juzgarás tú? Porque en nosotros no hay fuerza contra tan grande multitud que viene contra nosotros; no sabemos qué hacer, y a ti volvemos nuestros ojos (2 Crónicas 20.6-12).

Josafat reconoció que sus estrategias y poder como rey no eran suficientes para solucionar su problema. Muchas veces nos amargamos la vida porque no encontramos la solución a nuestros problemas. Piense en esto: «Si su problema no tiene solución ¿para qué se preocupa?, y si su problema tiene solución ¿para qué se preocupa?»

Querido amigo, reconozca su insuficiencia tal como lo hizo el rey Josafat. Un rey que reconoció que ante un gran problema su poder no era suficiente.

La vida cristiana es una vida sobrenatural y necesitamos el poder de Dios para vivirla.

¡Reconozca que usted solo no puede!

IV. Apoyémonos en la fuerza de Dios

¡Oh Dios nuestro! ¿no los juzgarás tú? Porque en nosotros no hay fuerza contra tan grande multitud que viene contra nosotros; no sabemos qué hacer, y a ti volvemos nuestros ojos.

Después de que Josafat confesó «No sabemos que hacer», añadió: «Pero nuestros ojos están vueltos hacia ti». Debemos apoyarnos en las fuerzas de Dios. Necesitamos poner nuestros ojos en el Señor. Muy a menudo ponemos nuestros ojos en todo, excepto en aquel que puede resolver nuestros problemas. No confíe en sus propias fuerzas.

¡Apoyémonos en la fuerza de Dios!

V. Caminemos por fe

Hay que notar cómo Dios respondió a la oración de Josafat.

Así lo expresa 2 Crónicas 20.15:

Y dijo: Oíd, Judá todo, y vosotros moradores de Jerusalén, y tú, rey Josafat, Jehová os dice así: No temáis ni os amedrentéis delante de esta multitud tan grande, porque no es vuestra la guerra, sino de Dios.

Muchas personas se fatigan porque están tratando de pelear la batalla de Dios con sus propias fuerzas. Dos veces en este pasaje, Dios le dice a Josafat que no tema, que Dios nunca ha perdido una batalla. El problema no es su problema, sino cuánta fe tiene usted en Dios y en que Él es suficiente para resolver su problema. Usted puede descansar porque Dios siempre esta a su lado.

Notemos otra cosa que Dios le dice a Josafat.

No habrá para qué peleéis vosotros en este caso, paraos, estad quietos, y ved la salvación de Jehová con vosotros. Oh Judá y Jerusalén, no temáis ni desmayéis; salid mañana contra ellos, porque Jehová estará con vosotros (2 Crónicas 20.17).

¿Qué significa estar quieto cuando tenemos un problema, cuándo estamos enfrentando una batalla o cuando estamos en una crisis de la vida? Normalmente, cuando un problema viene a nuestra vida lo que menos hacemos es estar quietos. Nuestra reacción siempre es buscar la solución, pero «estar quieto» es la actitud mental de una confianza callada que dice *voy a confiar en Dios*.

Ahora bien, en qué debemos estar firmes como nos dice 2 Crónicas 20.20:

Y cuando se levantaron por la mañana, salieron al desierto de Tecoa. Y mientras ellos salían, Josafat, estando en pie, dijo: Oídme, Judá y moradores de Jerusalén. Creed en Jehová vuestro Dios, y estaréis seguros; creed a sus profetas, y seréis prosperados.

Debemos estar firmes:

1) *En el carácter de Dios*. Dios es fiel, podemos depender de Él, nunca nos va a decepcionar, Dios no es hombre para que mienta ni hijo de hombre para que se arrepienta.

2) *En los escritos que Dios nos dio a través de sus profetas*. En otras palabras, en la verdad de la Biblia. La Biblia es

la Palabra de Dios y necesitamos esperar con una confianza callada en sus promesas escritas.

¡Caminemos por fe!

VI. Declaremos victoria por adelantado

Y habido consejo con el pueblo, puso a algunos que cantasen y alabasen a Jehová, vestidos de ornamentos sagrados, mientras salía la gente armada, y que dijesen: Glorificad a Jehová, porque su misericordia es para siempre (2 Crónicas 20.21).

¿Cuántas veces al día damos gracias a Dios por nuestros problemas? Quiero que observemos con detenimiento el versículo 21. Recordemos que en ese momento, aún no habían ganado la batalla. Para entender esto con claridad veamos el cuadro:

Dos montañas y en medio el valle, el lugar donde se llevará a cabo la gran batalla. En una montaña las tres naciones enemigas esperan para destruir a los judíos; en la otra montaña están los judíos dirigidos por Josafat, quien da a su pueblo el plan de batalla de Dios: marcharían a la batalla mientras el coro, al frente del ejercito, cantaba alabanzas a Dios y lo glorificaba por su misericordia. ¿Qué fue lo que sucedió cuando el pueblo levantó su voz para dar gracias a Dios?

Dios hizo que los ejércitos enemigos lucharan entre sí y se mataron unos a los otros.

El pueblo se limitó a estar quieto. El mayor esfuerzo que tuvieron que hacer fue recoger el botín.

La lección es que *«hay poder en el agradecimiento»*. Cada uno de nosotros puede decir: «Yo sé que tengo un proble-

ma, pero te doy gracias porque sé que no hay ninguna circunstancia que tú no puedas resolver. Esta es la verdadera
fe.

¡Declaremos la victoria por adelantado!

Recordemos esto si queremos conquistar nuestro problema:

1) Conozcamos quién es nuestro enemigo.
2) Llevemos nuestros problema al Señor.
3) Reconozcamos que solos no podemos resolver
   nuestro problema.
4) Apoyémonos en la fuerza de Dios.
5) Caminemos por fe y,
6) Declaremos la victoria por adelantado.

¡Alabémosle! Ese problema nos ayudará a crecer en la
vida cristiana.

¡Cambie sus tragedias en triunfos!
Podemos vencer nuestros problemas

Capítulo 4

El sufrimiento:
Cómo comprenderlo

PEDRO 4.12-13 NOS DICE:

Amados, no os sorprendáis del fuego de prueba que os ha sobrevenido, como si alguna cosa extraña os aconteciese, sino gozaos por cuanto sois participantes de los padecimientos de Cristo, para que también en la revelación de su gloria os gocéis con gran alegría.

¿Por qué el cristiano o la familia sufren?

El porqué del sufrimiento lo podemos definir en dos puntos:

1) *Sirve para probar nuestra fe.* Él quiere probarnos. Como ejemplo tenemos a Job (Job 1. 6-22). Satanás se acercó a Dios y le dijo: «Él te sirve porque tú le bendices». Dios le respondió: «No, él me sirve porque me ama. Si acaso no estás enterado de esto, ponlo a prueba. Pero no toques su vida». Dios le comprobó al diablo que en verdad Job le servía en cualquier situación. Muchas veces sufrimos

porque Dios nos está probando, quiere probar nuestra fe, con el propósito de que maduremos a través de ese sufrimiento.

2) *Sirve para prepararnos para el futuro.* Tal vez Él tenga algo grande para nuestra vida, algo fuerte que Él quiere que hagamos, por lo que nos está llevando a un punto donde podamos servirle y ser de ejemplo y de bendición para otras personas.

Dios quiere que usted y yo comprendamos por qué sufrimos. En esta epístola, el apóstol Pedro nos ayuda a hacerlo.

La persecución pública de los cristianos primitivos que desató el emperador Nerón fue de bendición a la sociedad de ese día, con excepción de los cristianos. A estos los quemaban, los prendían como antorchas para que alumbraran los portales de las fiestas con las que el emperador deleitaba a sus invitados. O los arrojaban a los leones. La persecución fue despiadada en muchos lugares. Numerosas familias se vieron destrozadas. Por esa razón, Pedro escribe dos epístolas para ayudar a la Iglesia a que comprendiera mejor el sufrimiento. Mi deseo es que usted pueda comprender el sufrimiento a través de lo que Pedro escribe.

> *Pues ¿qué gloria es, si pecando sois abofeteados, y lo soportáis? Mas si haciendo lo bueno sufrís, y lo soportáis, esto ciertamente es aprobado delante de Dios. Pues para eso fuisteis llamados; porque también Cristo padeció por nosotros, dejándonos ejemplo, para que sigáis sus pisadas; el cual no hizo pecado, no se halló engaño en su boca; quien cuando le maldecían, no respondía con maldición; cuando padecía, no amenazaba sino encomendaba la causa al que juzga justamente; quien llevó*

él mismo nuestros pecados en su cuerpo sobre el made-
ro, para que nosotros, estando muertos a los pecados, vi-
vamos a la justicia; y por cuya herida fuisteis sanados.

En este pasaje Pedro compara el sufrimiento del cristiano con el de Cristo, ya que el Señor pasó por lo mismo sin
merecerlo. Por esta razón debemos seguir el ejemplo de
Cristo, y si sufrimos que sea por hacer el bien, pues esto
agrada a Dios y merece su aprobación.

Mas también si alguna cosa padecéis por causa de la jus-
ticia, bienaventurados sois: Por tanto, no os amedren-
téis por temor de ellos, ni os conturbéis (1 Pedro 3.14).

Amados, no os sorprendáis del fuego de prueba que os
ha sobrevenido, como si alguna cosa extraña os aconte-
ciese, sino gozaos por cuanto sois participantes de los
padecimientos de Cristo, para que también en la reve-
lación de su gloria os gocéis con gran alegría (1 Pedro
4.12-13).

Pedro dice a la iglesia: «No se sorprendan. No es algo
extraño. Están sufriendo por amor a Cristo. Por amor a Él,
sigan adelante, que cuando Cristo revele su gloria, se goza-
rán como merecen».

Mas el Dios de toda gracia, que nos llamó a su gloria
eterna en Jesucristo, después que hayáis padecido un
poco de tiempo, él mismo os perfeccione, afirme, forta-
lezca y establezca (1 Pedro 5.10).

En este versículo encuentro una palabra clave: «des-

pués». Pedro nos dice que en la vida del cristiano habrá sufrimiento. Si alguien piensa que por ser cristiano se acabaron los sufrimientos, está bajo un gran engaño de Satanás. Muchas veces cuando una persona acepta a Cristo, se le dice que ya no va a haber problemas. Pero yo quiero decirle que cuando uno acepta a Cristo empieza la verdadera batalla, ya que le declara la guerra al enemigo. Vamos a seguir sufriendo, pero con una gran diferencia: tenemos a Cristo con nosotros, y *Dios mismo nos ayuda*.

A continuación, veamos siete motivos del sufrimiento:

1. Cometemos un error.

Nadie tiene la culpa del error. Tal vez estábamos donde no debíamos, con la persona que no debíamos estar. Simplemente sucedió. No era nuestro plan cosechar sufrimiento.

2. Tomamos una mala decisión.

En muchas ocasiones encontramos guías o reglas que nos advierten de errores que después nos pueden hacer sufrir. Sin embargo, muchas personas van en contra de las reglas que rigen nuestra sociedad. Veamos un ejemplo muy frecuente. Vamos en nuestro auto y nos aproximamos a un semáforo. Se pone la luz amarilla pero vamos con mucha prisa por llegar al trabajo, a alguna cena, a una cita de negocios, a un compromiso con nuestro cónyuge. Al ver el cambio de luz, nos preguntamos si pasamos o no; pero como ya se nos hace tarde, pasamos y como consecuencia tenemos un accidente que nos impide cumplir con el compromiso que teníamos, y se desprenden una serie de circunstancias que traen como consecuencia el sufrimiento. ¿Por qué? Simple y sencillamente: no respetó las reglas y se equivocó.

3. Un problema de integridad.

No hay sinceridad en nuestra vida. Carecemos de integridad. Puede ser que en casa seamos una persona enojona, triste, sola, y que afuera seamos otra muy diferente. Tal vez eso no sea agradable a los que le rodean. Nos ven como una persona de poca integridad, y eso nos causa sufrimiento. No debemos tener doble personalidad. Siempre debemos mostrar el gozo de tener a Cristo en nuestra vida.

4. El ambiente cambia.

Cuando nuestro ambiente cambia de lo mejor a lo peor, sufrimos. Puede ser que ayer hayamos tenido un día excelente, pero hoy no nos levantamos de buen humor y en el día todo nos ha salido mal. La lluvia nos obligó a cancelar nuestro día de campo, o el calor es tanto que nos puede deshidratar, o el frío nos tiene en casa sin poder trabajar. Vivimos totalmente controlados por los cambios atmosféricos, la economía, la bolsa de valores, los negocios, las oportunidades de trabajo que no hemos encontrado, los asuntos pendientes acumulados, lo cual da como resultado un sufrimiento tal que apenas podemos levantar el pie derecho para caminar. Y en realidad son cosas o circunstancias simples. Si dejáramos de preocuparnos por lo superficial que hay en la sociedad, dejaríamos de sufrir.

5. Hay maldad en la tierra.

Vivimos en una sociedad llena de maldad, perversa, y es por eso que sufrimos. Podemos darnos cuenta de esto con las grandes campañas que se realizan para salvar a las ballenas, a la vez que se promueve la matanza de niños por medio del aborto. Hay muchos países con pobreza y hambre. Hay niños sin ropa, desamparados. Hay lucha por el poder en los gobiernos, lo que solo produce destrucción en ciudades, hogares y familias. Hay grupos que se forman para demandar que se mantenga un ambiente más puro y lim-

pio, y lo único que logran es dejar basura por las calles donde hacen sus manifestaciones. Vivimos en una sociedad
cambiante y somos parte de esa sociedad. Nadie ayuda a
nadie. Cada cual busca el beneficio personal. Estas son las
grandes contradicciones de la vida que pudiéramos ayudar
a corregir.

6. Dios disciplina.

Cuando un tornillo está flojo en una tapa y ponemos
algo encima, y vemos que se cae porque el tornillo no estaba bien sujeto, tratamos de hacer algo. Lo arreglamos o
apretamos hasta que ya no haya nada que se mueva. Así
pasa con nosotros. Cuando andamos tambaleando es cuando venimos al Señor y le permitimos que nos ajuste los tor-
nillos que están sueltos en nuestra vida. Tal vez en el
estirón o ajuste haya dolor o sufrimiento, pero eso permiti-
rá un mejor funcionamiento.

7. Dios nos pone a prueba.

Aquí es cuando Dios quiere ayudarnos a desarrollar
nuestro carácter. Quiere hacernos fuertes en Él. El sufrimiento parece no enseñar. ¿Sabe qué? Hay personas que
sufren y nunca aprenden de sus errores. Es como si come-
tieran infracciones de tránsito cada mes y dijeran siempre
que el policía tenía la culpa. Siguen con el mismo error mes
tras mes y nunca aprenden. Podemos ir a la iglesia y decir:
«Sí, Señor, te voy a ser fiel», y el lunes olvidarnos del Señor.
No es el sufrimiento lo que nos hace sentirnos *miserables*.
Es la manera en que reaccionamos.

Por naturaleza, las personas siempre estamos tratando
de solucionar los problemas intentando evitar el sufrimiento y tener una vida más feliz y agradable. Estas son algunas
de las cosas que usamos para evitar sufrir:

Nos quejamos

Nos quejamos de la justicia de Dios. En ocasiones hasta llegamos al punto de pensar: «¿por qué me pasa esto a mí?» O tal vez decimos: «¡Dios, no es justo lo que está pasando!». Renegamos por tal sufrimiento pensando que vamos a convencer a Dios con nuestras reclamaciones y nos va a sacar del problema.

Comparamos

Siempre tendemos a compararnos con otros y decir: «¿Por qué estoy sufriendo, cuando yo sí que sirvo a Dios, no como fulano o mengano?» «¿Por qué me pasa esto, si yo te sirvo mejor que otros?» «¿Por qué me pasa esto ahora que decidí ayunar, orar y tener parte en tu ministerio?» No es cierto que a veces actuamos de esa manera. Pensamos que estamos bien y que Dios es el que se ha equivocado y que nos dirá: «Perdón, me equivoqué. Te voy a quitar el sufrimiento».

Dudamos del poder de Dios

«¿Será que Dios no existe?» Dudamos de nuestra relación con Él. «¿Qué pasa, Señor? Desde el día en que empecé a servirte me has atacado». Y le echamos la culpa a Dios de todo lo que nos pasa. Es aquí donde tenemos muchas preguntas para Dios, pero es también aquí cuando Él permite el sufrimiento. Al Señor no le alegra ver nuestros sufrimientos, como tampoco se alegró cuando Job sufría y lo perdía todo. Él también sufría, pero quería comprobarle al diablo quién era aquel siervo. Por más que quiera, Dios no va a detener el proceso de sufrimiento por el que estamos pasando, porque tiene un propósito especial: obtener la

victoria sobre todo sufrimiento y así demostrarle al diablo
que somos vencedores en Cristo. No nos desesperemos.
No nos quejemos ante Dios. No nos comparemos con
gente mediocre. Y sobre todo, no dudemos. Dios nos va a
sacar adelante. Lo único que tenemos que hacer es confiar
en Dios.

Pero aquí no se detiene el desarrollo del plan que Dios
tiene con su vida. El Señor tiene muchas soluciones que le
ayudarán.

¿Cómo prepararnos para el sufrimiento?

Las cuatro estrategias siguientes nos ayudarán a prepararnos ante el sufrimiento:

I. Mirar en dirección a Dios

Muchas veces cuando sufrimos quitamos la vista de
Dios, y la enfocamos en los problemas y sufrimientos.
Empieza la autocompasión, el «pobre de mí», «mi problema es grande». Cuando nos posesionamos de nuestros
problemas ni Dios nos los va a quitar; pero si hablamos con
Dios y le entregamos el sufrimiento, enseguida llega la ayuda porque somos hijos de Dios, y É no quiere ver sufrimiento en nuestra vida.

Entréguele el sufrimiento a Dios y mire en dirección a
Él. No aparte su atención de Dios y haga como el salmista
David, que dijo: «Alzaré mis ojos a los montes; ¿de dónde
vendrá mi socorro? Mi socorro viene de Jehová, que hizo
los cielos y la tierra». David se preguntó ante el sufrimiento
por el cuál estaba pasando: ¿De dónde vendrá mi socorro,
mi ayuda? Miró a Dios en busca de ayuda.

Rendirnos es darnos por vencido ante algo que esta fuera de nuestro control, algo que causa sufrimiento y comprender que es de Dios de donde viene nuestra ayuda.

II. Actuar conforme a la Palabra de Dios

La solución al sufrimiento es actuar conforme a la Palabra de Dios en nuestro sufrimiento. La Palabra de Dios es nuestro sostén, nuestro pilar, nuestra fuerza, nuestro poder, nuestra energía. Es la Palabra de Dios lo que nos sostendrá en el tiempo difícil. Como cristianos, muchas veces decimos que la Palabra de Dios es viva y eficaz, que creemos en sus promesas. Si embargo, cuando llega el momento de aplicarla a nuestra vida dudamos. Muchos dirán: «Mantente firme, Dios te va ayudar, cree en los milagros, cree en que Dios sana, levanta los muertos y sana al paralítico».

Pero qué difícil es actuar conforme a su Palabra. Mi consejo es que empecemos a actuar basados en la Palabra de Dios. Si estamos sufriendo, pensemos que ninguna tentación es irresistible. Dios es fiel y justo para darnos junto con la tentación la salida. Y no nos dará más de lo que podamos resistir. Confiemos en el poder de Dios. Tomemos posesión de esas promesas de su palabra.

III. Practicar la oración

Es sencillo:

> *Orando en todo tiempo con toda oración y súplica en el Espíritu, y velando en ello con toda perseverancia y súplica por todos los santos (Efesios 6.18).*

La oración cambia nuestro sufrimiento en gozo. Es muy importante cuánto tiempo pasamos orando (hablando con Dios) sobre nuestra vida personal, nuestros problemas, nuestros sufrimientos

¿Cómo está su relación con Dios?

IV. Buscar la constante presencia de Dios en su vida

Carlos Spurgeon dijo: «Nunca ha habido quince minutos en mi vida en que no he sentido la presencia de Dios». Es cierto que en algunas ocasiones nos sentimos solos, y parece que nuestros familiares más cercanos no nos comprenden. Es en esos momentos en que debemos procurar estar solos para poder pensar en lo que esta pasando en nuestra vida. Es en esos momentos cuando Dios dice: «Espera, yo estoy contigo». Lo importante de todo esto es tener la seguridad de buscar la presencia de Dios diariamente. Rumbo al trabajo, en la escuela, en la iglesia, en la casa, al realizar los quehaceres domésticos, en todo tiempo y lugar, deberíamos dejarnos guiar por la mano de Dios. Aun al acostarse, repita con convicción el Salmo 4.8:

En paz me acostaré, y asimismo dormiré; porque solo tú, Jehová, me haces vivir confiado.

Eso es buscar la presencia de Dios. Es vivir constantemente en la presencia de Dios. Un canto de mi primo y amigo Octavio Almada me recuerda estas palabras: «En la presencia de Dios se quita todo dolor, todo temor. Un día estaré para siempre, aleluya, en la presencia de Dios».

George Williams dijo: «En el sufrimiento es imposible lograr de otros la necesaria energía espiritual. Debemos almacenarla de antemano». Esto es muy cierto. porque vendrán tiempos de sufrimiento donde será imposible obtener la energía espiritual de otros, porque tal vez ellos estén pasando por lo mismo que nosotros. Así que almacenemos energía espiritual para seguir adelante buscando y apoyándose en los cuatro puntos anteriores:

1) Mirar en dirección a Dios
2) Actuar conforme a la Palabra de Dios.
3) Practicar la oración.
4) Buscar la constante presencia de Dios en su vida.

Comprenda que el sufrimiento va a venir, pero también que Cristo está caminando a su lado.

¡Cambie sus tragedias en triunfos!
Usted puede comprender el sufrimiento.

Capítulo 5

La preocupación: Cómo vencerla

¿CUÁNTAS VECES SE PREOCUPA AL DÍA? ¿Tal vez una vez, dos veces o hasta diez veces al día? Yo creo que una preocupación al día ya es demasiado. Si hablamos de una vez al día multiplicada por siete días estamos hablando de 7 preocupaciones a la semana. Imagínese cuántas preocupaciones vamos a tener si vivimos setenta u ochenta años. Muchos de tan preocupados que están ya peinan canas. Otros no tienen ni canas para peinarse, porque se han quedado calvos.

¿Qué es lo que le causa preocupación? ¿Cuáles son los factores, las razones, las circunstancias que hacen que usted se preocupe? ¿El trabajo, el pago del auto, el alquiler de la casa? ¿Qué le preocupa? ¿Qué le hace comerse las uñas? ¿Qué le quita el sueño?

Después de que definamos estas cosas, preguntémonos: ¿Vale la pena preocuparnos por eso? Si el problema tiene solución, ¿para qué preocuparnos? Y si no tiene solución ¿para qué preocuparnos? Como cada problema tiene solución, la verdad es que a veces nos preocupamos demasiado en la vida.

El preocuparse no ayuda en nada, pero sí lastima en todo. ¿Sabía usted eso? El preocuparse no nos ayuda a llegar a la solución. Al contrario, lastima nuestro físico y lastima a otras personas.

El preocuparnos no nos quita las angustias del mañana. Sin embargo, nos quita las fuerzas que necesitamos para luchar hoy.

Por eso Filipenses 4.6 nos dice:

Por nada estéis afanosos, sino sean conocidas vuestras peticiones delante de Dios en toda oración y ruego, con acción de gracias.

Creo que las preocupaciones son algo natural en el hombre, pero hay algunos que exageramos al preocuparnos. La Palabra de Dios tiene enseñanzas sobre esto. En este capítulo, vamos a mirar dos pasajes. Uno se encuentra en Lucas 10.38-42. Veamos qué nos dice:

Aconteció que yendo de camino, entró en una aldea; y una mujer llamada Marta le recibió en su casa. Esta tenía una hermana que se llamaba María, la cual, sentándose a los pies de Jesús, oía su palabra. Pero Marta se preocupaba con muchos quehaceres, y acercándose, dijo: Señor, ¿no te da cuidado que mi hermana me deje servir sola? Dile, pues, que me ayude. Respondiendo Jesús, le dijo: Marta, Marta, afanada y turbada estás con muchas cosas. Pero solo una cosa es necesaria; y María ha cogido la buena parte, la cual no le será quitada.

En el versículo 40 podemos ver las consecuencias que tuvo Marta al preocuparse:

I. Dio por sentado que al Señor no le importaba su preocupación

Dio por sentado que al Señor no le importaba su carga (v.40)

> *Señor, ¿no te da cuidado que mi hermana me deje servir sola?*

¿No actuamos nosotros de la misma manera? Damos por hecho que nuestro problema, nuestra preocupación, no le importa a Dios. Llegamos a la conclusión de que a Él no le interesa nuestra vida, que se ha olvidado de nosotros, y lo cuestionamos: ¿Por qué me pasa esto a mí? ¿Es que acaso no te importa lo que me sucede? Y eso nos lleva a la preocupación, la cual nos hace dar por hecho que a Dios no le importa nuestra vida.

¿Ha tenido usted esta experiencia? Yo sí la he tenido, al igual que Marta muchas veces decimos, Señor ¿no te importa lo mío?

II. Acusó a María de irresponsable

Le echa la culpa a María de sus preocupaciones y la acusa de irresponsable. Veamos lo que dice el versículo 40:

> *…que mi hermana me deje servir sola?*

A María no le interesa. Es una irresponsable. Por eso estoy preocupada. Siempre tengo que cargar con el problema de todo el mundo.

Muchas veces porque otra gente no actúa como quisiéramos que actuara, la acusamos de irresponsable y empezamos a preocuparnos y a tratar de resolver los problemas de todo el mundo. ¿No es cierto?

Aquella mujer, viendo que María era una irresponsable, va y la acusa ante el Señor. ¿No es cierto que a veces las preocupaciones nos hacen fijarnos en las faltas y las irresponsabilidades de otras personas? Son reacciones que tenemos.

III. Trató de resolver las cosas a su manera

Miremos la última parte del v.40:

Dile, pues, que me ayude.

Le da una orden al Señor. En otras palabras lo que ella dice es: «Yo estoy trabajando demasiado duro en la cocina, Señor. Dile a María que se levante de allí y me ayude». ¿No es cierto que cuando uno se preocupa por algo, o tiene un problema, quiere decirle al Señor cómo resolverlo? Le pedimos que nos ayude pero queremos que lo haga a nuestra manera. Creemos que tenemos una mejor solución que Él.

Veamos cómo el Señor le responde a esta mujer según Lucas 10.41:

Jesús, le dijo: Marta, Marta, afanada y turbada estás con muchas cosas.

Observe por qué estaba preocupada. Dice la palabra de

Dios que por «*muchas cosas*». No era una sola, sino muchas cosas.

¿No es cierto que una preocupación lleva a otra? Créalo. Si uno compra un auto, se dice: «Tengo que dar una entrada, luego pagar el seguro, la licencia...» Se empieza a preocupar por todo lo que implica adquirir un automóvil. ¿No es cierto?

Y el Señor le dice a Marta: «Estás preocupada, estas molesta por tantas cosas...» Y ¿no es cierto que muchas veces nos preocupamos por cosas que son innecesarias y por las que no vale la pena preocuparse?

Marta estaba preocupada. Preocuparse es como «halar en direcciones opuestas». Es como que una persona agarrara a un hombre de su mano derecha y que otra persona lo tomara de su mano izquierda, y lo empezaran a halar uno para un lado y el otro para el otro.

Y ¿qué es «molestar»? Es como meterlo a uno en un cuarto ruidoso. En ocasiones voy en mi carro, me paro en un semáforo y se estacionan junto a mí algunos de esos muchachos que van en sus autos con un estéreo a todo volumen. El cambio de luces se me hace eterno. Ya cuando me toca la luz verde, estoy realmente molesto.

Ahora imagínese a Marta preocupada. Se ve estirada en direcciones opuestas en su cocina en medio del ruido de todas sus sartenes y ollas. Con razón se encontraba molesta. Y eso es lo que en muchas ocasiones nos sucede. Las preocupaciones hacen tanto ruido en nuestra cabeza que terminamos molestos.

Muchas veces nos preocupamos también porque nuestras prioridades no están correctamente establecidas. Veamos Lucas 10.42:

Una sola cosa es necesaria; y María ha escogido la buena parte, la cual no le será quitada.

¿Qué escogió María? Estar a los pies del Maestro, oír al Maestro, aprender del Maestro, mientras Marta estaba preocupada, haciendo otras cosas.

Casi siempre nosotros también nos preocupamos por hacer muchas cosas que no tenemos por qué hacer.

¿Cómo ganar sobre la preocupación?

Ahora veamos el segundo pasaje. Proverbios 3.5-6 dice:

Fíate de Jehová de todo tu corazón, Y no te apoyes en tu propia prudencia. Reconócelo en todos tus caminos, Y él enderezará tus veredas.

En estos dos versículos encontramos cuatro verbos de acción *«fíate»*, *«no te apoyes»*, *«reconócelo»* y *«enderezará»*.

Los primeros tres verbos son imperativos. Son órdenes. Primero, fíate de Dios. No te apoyes en ti. Reconoce a Dios en todos tus caminos. Estos tres primeros representan nuestra responsabilidad. Debo confiar en el Señor. No debo apoyarme en mi propia prudencia. Debo de reconocerlo. Es un mandamiento de Dios.

El cuarto verbo es una promesa. Representa la responsabilidad de Dios. Primero hablamos de nuestra responsabilidad con Dios y ahora hablaremos de la responsabilidad de Dios hacia nosotros. Si confiamos en el Señor, si no nos apoyamos en nuestro propio entendimiento, si lo reconocemos en todos nuestros caminos, la promesa de que Dios va a enderezar nuestras veredas va a cumplirse.

La palabra «tu» o «tus» se repite cuatro veces en los vs. 5 y 6: «tu corazón», «tu propia prudencia», «tus caminos», «tus veredas». ¿Qué nos muestra esto? Que de nosotros depende el estar libre de preocupaciones. «El responder a las circunstancias es cuestión suya. Nadie puede hacerlo por usted». Una persona puede venir y darle el mejor consejo, pero la decisión es suya.

Para aprender cómo lidiar con las preocupaciones, debemos estudiar varios términos significativos:

- *Fíate.* Entregar a Dios todas las preocupaciones de la vida presente y futura.
- *Corazón.* Nuestras emociones, mente, alma y voluntad. Debe ser completamente de Dios.
- *Apoyo.* Busque en dónde apoyarse. Dios debe ser ese apoyo.
- *Entendimiento.* No nos apoyemos en el entendimiento humano, ni nos confiemos de la lógica. Dios no se limita a la lógica. ¿Fue lógico acaso que el Mar Rojo se abriera, que los muros de Jericó cayeran? Por eso al hombre le cuesta tanto confiar en Dios.
- *Reconocimiento.* Reconozcamos la soberanía y la presencia de Dios.
- *Endereza.* Dios hace nuestra senda más fácil.

Y para quién es esta promesa:
1) *Esta promesa es para las personas que se preocupan.* Es para mí. Es para usted. Es personal.
2) *Dios hará su parte solo cuando nosotros hagamos la nuestra.*

Muchas veces esperamos que Dios haga por nosotros lo que nosotros debemos hacer por nosotros mismos.

Debemos confiar. No debemos apoyarnos en nuestro entendimiento. Debemos reconocerlo y luego Dios enderezará nuestra senda.

3) Dios puede con cada faceta de nuestra vida.

No hay ningún aspecto de nuestra vida que Dios no pueda tocar.

Muchas veces tenemos todas estas preocupaciones porque no nos enfocamos en Dios.

El siervo de Eliseo estaba preocupado porque estaban rodeados por el enemigo. Así lo relata 2 Reyes 6.14-17:

Entonces envió el rey allá gente a caballo, y carros, y un gran ejército, los cuales vinieron de noche, y sitiaron la ciudad. Y se levantó de mañana y salió el que servía al varón de Dios, y he aquí el ejército que tenía sitiada la ciudad, con gente de a caballo y carros. Entonces su criado le dijo: ¡Ah, señor mío! ¿qué haremos? El le dijo: No tengas miedo, por que más son los que están con nosotros que los que están con ellos. Y oró Eliseo, y dijo: Te ruego , oh Jehová, que abras sus ojos para que vea. Entonces Jehová abrió los ojos del criado, y miró; y he aquí que el monte estaba lleno de gente de a caballo, y de carros de fuego alrededor de Eliseo.

Uno preocupado y otro con calma. ¿Saben cuál era la diferencia? Que uno estaba enteramente confiado en Dios, enfocado en Él. El otro no.

Muchos de nosotros sabemos de Dios, pero no hemos conocido el poder de Dios. Si uno quiere vencer la preocupación debe:

1) Fiarse de Dios
2) No apoyarse en sí mismo
3) Reconocerlo en todos sus caminos
4) Dejar que Él haga su parte.

¡Cambie sus tragedias en triunfos!
Usted puede ganar sobre la preocupación

Capítulo 6

El enojo: Cómo dominarlo

Airaos, pero no pequéis; no se ponga el sol sobre vuestro enojo, ni deis lugar al diablo. El que hurtaba, no hurte más, sino trabaje, haciendo con sus manos lo que es bueno, para que tenga qué compartir con el que padece necesidad. Ninguna palabra corrompida salga de vuestra boca, sino la que sea buena para la necesaria edificación, a fin de dar gracia a los oyentes. Y no contristéis al Espíritu Santo de Dios, con el cual fuisteis sellados para el día de la redención. Quítense de vosotros toda amargura, enojo, ira, gritería y maledicencia, y toda malicia. Antes sed benignos unos con otros, misericordiosos, perdonándoos unos a otros, como Dios también os perdonó a vosotros en Cristo (Efesios 4.26 -32).

Hay tres cosas que me dicen mucho de una persona:
1) ¿Cuán a menudo nos enojamos?
2) ¿Qué nos hace enojarnos?
3) ¿Cuánto tiempo nos dura el enojo?
   ¿Cuánto tiempo nos dura el enojo: un día, un mes, un año? O tal vez nacimos enojados. ¿Vale la pena pasar tiempo

enojados? De todas las emociones, la que más expresamos es el enojo, y ese enojo en muchas ocasiones llega a destruir familias y relaciones. Y además de crear enemigos, daña la salud y la felicidad.

Todos al menos una vez en la vida hemos sido domina-dos por el enojo, esa emoción que se nos mete dentro del cuerpo y acerca de la cual quisiera dar un buen consejo: «Por cada minuto que pasa enojado pierde sesenta segun-dos de felicidad». Si su problema dura cinco minutos, mul-tiplique esos cinco minutos por sesenta segundos y si dura dos horas o un día, imagínese cuánto tiempo de su vida per-manece enojado. «Si el problema tiene solución, para que se enoja; y si no tiene solución, para que se enoja». Lo único que hace es amargarse la vida.

A continuación veremos nueve cosas que la Biblia nos enseña sobre el enojo:

I. El enojo da lugar al diablo

Airaos, pero no pequéis; no se ponga el sol sobre vuestro enojo, ni deis lugar al diablo (Efesios 4.26-27).

Podemos enojarnos, pero cuidado de pecar con ese eno-jo. En otras palabras, no nos durmamos enojado. El enojo no controlado, no balanceado, da cabida al diablo.

El apóstol Pablo en Efesios 4.26-27 está tomando el mismo pasaje de Salmo 4.4-5

¡Temblad, y no pequéis! Meditad en vuestro corazón estando en vuestra cama, y callad. Ofreced sacrificios de justicia, y confiad en Jehová.

La palabra «temblad» se toma como sinónimo de enojo. Enojémonos, pero no pequemos, porque muchas personas cuando se enojan tiemblan. La recomendación es directa: «Meditad en vuestro corazón estando en vuestra cama, y callad».

¿Por qué el enojo da lugar al diablo? Veamos Efesios 4.29-31. Este pasaje nos habla de lo que puede suceder cuando estamos enojados. En la mayoría de las ocasiones en que no refrenamos la lengua, sacamos a relucir en el problema hasta a la abuelita de Pancho Villa, aun cuando la viejita no tuvo ni parte, ni suerte en el asunto.

Ninguna palabra corrompida salga de vuestra boca, sino la que sea buena para la necesaria edificación, a fin de dar gracia a los oyentes. Y no contristéis al Espíritu Santo de Dios, con el cual fuisteis sellados para el día de la redención. Quítense de vosotros toda amargura, enojo, ira, gritería y maledicencia, y toda malicia.

Es curioso que el enojo suele ir acompañado de gritos. ¿Cuántos se enojan sin gritar? No he visto gente que se enoje sin gritar. Cuando usted y yo nos enojamos, dejamos que esa emoción carnal nos domine y terminamos haciendo desastre y medio. Déjeme explicar lo que hace un corazón enojado:

1. Dice lo que no debe decir

Hiere, lastima, saca los trapitos al sol, dice lo que no debe decir y como consecuencia causa enojo.

2. Hace lo que no debe hacer

¿Qué culpa tiene la mesa para que la hayan quebrado? Nos desquitamos con lo material y también con las personas. Se actúa de una manera inmadura.

3. Siente lo que no debe sentir

Surgen sentimientos de resentimiento, celos, envidias, coraje. ¿Por qué? Cuando se arraiga en la persona una raíz de resentimientos fuerte que da como fruto lo antes mencionado, es muy difícil cortarla. Cuando eso sucede, le damos lugar al diablo. ¿Verdad que no es tan complicado? Pero nosotros somos especialistas en hacer que las cosas simples se vuelvan complicadas. Veamos qué más nos enseña la Biblia.

II. El enojo no nos deja vivir una vida de justicia

¿Cuántos se sienten santificados cuando se enojan y dicen: «Me enoje y me siento cerca del Señor?» ¿Cuántos empiezan a ayunar cuando se enojan? ¿Cuántos dicen: «Ya tengo deseos de que llegue la hora de ir a la iglesia, porque estoy bien enojado y necesito alabar al Señor? ¿Cuántos dicen: «Estoy tan enojado con mi esposa o esposo que voy a leer la Biblia y gozarme en el Señor» ¿Verdad que nadie habla ni actúa así? Al contrario, cuando nos enojamos nos separamos de una vida santificada. Eso es lo que dice Santiago 1.19 y 20:

> Por esto, mis amados hermanos, todo hombre sea pronto para oír, tardo para hablar, tardo para airarse; porque la ira del hombre no obra la justicia de Dios.

Esto es muy interesante. Dios nos dio dos orejas para que escuchemos más, y una boca para que hablemos menos. Pero lo hacemos al revés: hablamos más y oímos menos. Eso hace que tengamos problemas de ira. Cuando nos enojamos, no queremos escuchar, sino hablar. Y al hacerlo, no estamos viviendo en la justicia de Dios y somos hallados faltos de lo que Dios quiere de nuestra vida. He oído decir: «Yo estaba ayunando y sentí un coraje santo». No hay corajes santos. Hay corajes justificados, pero no hay corajes santos.

El enojo está en la categoría de lo carnal. Cuando vivimos enojados, vivimos carnalmente. Gálatas 5.19-23 dice:

Y manifiestas son las obras de la carne, que son; adulterio, fornicación, inmundicia, lascivia, idolatría, hechicerías, enemistades, pleitos, celos, iras, contiendas, disensiones, herejías, envidias, homicidios, borracheras, orgías, y cosas semejantes a estas; acerca de los cuales os amonesto, como ya os lo he dicho antes, que los que practican tales cosas no heredarán el reino de Dios. Mas el fruto del Espíritu es amor, gozo, paz, paciencia, benignidad, bondad, fe, mansedumbre, templanza; contra tales cosas no hay ley.

Estas son características de la carne y del Espíritu. Entre las características de la carne está el enojo. En cambio, el fruto del Espíritu es paz, tranquilidad, amor.

III. El enojo causa conflictos en la vida de otros

El hombre iracundo promueve contiendas; Mas el que tarda en airarse apacigua la rencilla (Proverbios 15.18).

El hombre que se enoja o se le sube el apellido es un buscapleitos y causa conflictos; pero el que es lento para el enojo, apacigua contiendas. Esto suele suceder en el hogar, en el trabajo, en la iglesia. Una persona que llegó a mi oficina muy deprimida me dijo que estaba muy enojada. Le pregunté a que se debía su enojo, y me dijo que lo habían corrido del trabajo. Y le pregunté por qué razón lo habían despedido. A lo que me contestó que había peleado con su jefe, se hirieron de palabras y terminaron en golpes. ¿Cómo no lo iban a despedir? Creo que quería que lo ascendieran de posición. Con esto quiero demostrar que el enojo trae conflictos con otras personas, ya que no tan solo explota usted sino que hace que exploten todos los que le rodean.

IV. El enojo causa que otros se enojen

No te entremetas con el iracundo, ni te acompañes con el hombre de enojos,
No sea que aprendas sus maneras, y tomes lazo para tu alma (Proverbios 22.24-25).

«Dime con quién andas y te diré quién eres». «Al que anda con la miel, algo se le pega». He conocido padres de mal carácter que han dado hijos que también lo son. El mal humor se contagia y hace que los demás se sientan mal, culpables, inseguros. No contagiemos a nadie con nuestra amargura.

V. El enojo destruye nuestra integridad

El necio da rienda suelta a toda su ira,
Mas el sabio al fin la sosiega (Proverbios 29.11).

La persona que se enoja es como el necio. Todas las personas en determinado momento de la vida llegan a enojarse. Pero el problema no es ese. El problema es dar rienda suelta al enojo y la ira. Somos necios cuando no dominamos la ira, sino que dejamos que la ira nos domine a nosotros. El sabio la reprime, la controla.

VI. El enojo nos lleva a tomar malas decisiones

¿Cuantas veces el enojo lleva a hacer algo de lo que después nos arrepentimos? El enojo hace que tomemos decisiones equivocadas. Hallamos un buen ejemplo de esto en 1 Samuel 18. 6-9:

> Aconteció que cuando volvían ellos, cuando David volvió de matar al filisteo, salieron las mujeres de todas las ciudades de Israel cantando y danzando, para recibir al rey Saúl, con panderos, con cánticos de alegría y con instrumentos de música. Y cantaban las mujeres que danzaban, y decían: Saúl hirió a sus miles, Y David a sus diez miles. Y se enojó Saúl en gran manera, y le desagradó este dicho, y le dijo: A David dieron diez miles, y a mí miles; no le falta más que el reino. Y desde aquel día Saúl no miró con buenos ojos a David.

Lo que pasó es que cuando Saúl se enojó dejó de ver a David como parte de su ejército. Empezó a verlo como enemigo, y tomo la decisión de acabar con él. Fue una mala decisión en tiempo de furia.

¿Cuántos toman la decisión de no comer cuando se enojan? Gracias a Dios, nunca he tenido ese problema, sino que, al contrario me da más hambre. Pero muchos dejan de comer y pierden el sueño. Son decisiones equivocadas tomadas en tiempo de enojo. Uno debe calmarse o tirarse un balde de agua fría para que se le baje la temperatura, pero no tomar una mala decisión en ese momento que puede traer malas consecuencias. La ira del hombre no obra la justicia de Dios.

VII. El enojo nos impide recibir las bendiciones de Dios

Hay mujeres que se me han acercado para decirme: «Pastor, ore por mí porque estoy enojada con mi esposo». A lo que yo he respondido: «Antes de orar por usted, vaya, reconcíliese con él, y luego oramos». Usted puede salir del enojo, pero tiene que recapacitar. Dios no bendice cuando hay enojo. Veamos 2 Reyes 5. 9-11 :

> *Y vino Naamán con sus caballos y con su carro, y se paró a las puertas de la casa de Eliseo. Entonces Eliseo le envió un mensajero, diciendo: Ve y lávate siete veces en el Jordán, y tu carne se te restaurará, y serás limpio. Y Naamán se fue enojado, diciendo: He aquí yo decía para mí: Saldrá él luego, y estando en pie invocará el nombre de Jehová su Dios, y alzará su mano y tocará el lugar, y sanará la lepra.*

Naamán fue a que Eliseo lo limpiara de la lepra. El profeta lo mandó bañarse siete veces en el Jordán. Naamán pensaba que, por ser un hombre importante, le dirían: «Sé sano». Esperaba que le pusieran una alfombra roja para que pasará. Sin embargo, Eliseo lo mando bañarse en un río insignificante. ¿Sabía que Naamán estuvo muy cerca de perder una bendición por su actitud?

Conozco gente que minutos antes de salir para la iglesia dejan de ir por causa de algún enojo. Se enojan con alguien de la familia por algo que sucedió, y se desquitan con Dios y la iglesia. Lo único que logran es perder la bendición de Dios.

VIII. El enojo trae juicio sobre los que se enojan

Trato de entender a las personas que explotan fácilmente, porque eso es parte de su personalidad. Pero lo que no he podido entender es la inmadurez de no poder controlar sus emociones. Hay muchos adultos que no crecen en carácter. Hay una gran diferencia entre ser maduro y ser viejo. Muchos piensan que entre más viejo, más maduro. Pero hay jóvenes que son más maduros que muchos viejos. Cuando yo me enojo y no me domino, juicio traigo sobre mí. Por algo Jesús comparó el enojo con el asesinato. Lo leemos en Mateo 5.21-22:

Oísteis que fue dicho a los antiguos: No matarás; y cualquiera que matare será culpable de juicio. Pero yo os digo que cualquiera que se enoje contra su hermano, será culpable de juicio; y cualquiera que diga: Necio, a su hermano, será culpable ante el concilio; y cualquiera que le diga: Fatuo, quedará expuesto al infierno de fuego.

Hay castigo si nos enojamos con alguien y no sabemos dominar ese sentimiento, y más si empleamos palabras que no debemos emplear.

IX. El enojo lastima más a la persona que se enoja que a la que causa el enojo

Muchas veces diremos: «Estoy enojado porque me hizo tal o cual cosa, tal o cual persona». Pero esa cosa o esa persona no se afecta por su enojo; el que se afecta y lastima es uno. Quiero que piense en esto: Quien le hace enojar, le domina. ¿Quién le hace enojar? ¿Será un objeto, un vaso de agua, sus hijos, su có yuge? Eso quiere decir que ese objeto o esa persona lo controla.

Cuatro causas del enojo

Frustración

Muchas veces estamos enojados, porque estamos frustrados. La presión del trabajo, los problemas de la casa, etc. causan enojo y hace que explotemos. Un consejo: No se lleve los problemas del trabajo a la casa ni los de la casa al trabajo. ¡Déjelos donde corresponden!

A veces nos desquitamos con los amigos porque nos enojamos con nuestro cónyuge. O al revés: nos enojamos con nuestro esposo o esposa por causa de los amigos.

Derechos violados

Sentir que han violado nuestros derechos porque no nos dieron el aumento que esperaba, o no me trataron bien en la entrevista, o mi familia no me habló. Cualquiera de estas cosas puede hacer que surja en nosotros el enojo.

Cuando sentimos que no nos entienden

Las otras personas no forman su espíritu ni su carácter: tan solo lo revelan. Muchas veces decimos: «Soy así, porque así me hizo mi esposo, mi papá, mi mamá». La realidad es que esa persona no nos formó. Sin embargo, reveló lo que ya éramos. Reveló lo que ya teníamos dentro. Reveló que teníamos una emoción que no podíamos controlar: el enojo.

Amargura

La raíz de todo enojo es la amargura, según Hebreos 12.15:

Mirad bien, no sea que alguno deje de alcanzar la gracia de Dios; que brotando alguna raíz de amargura, os estorbe, y por ella muchos sean contaminados.

El enojo que no se domina es amargura. Y nuestro enojo se debe a la actitud que tenemos ante la vida.

Cierto anciano fue a visitar a sus hijos. Mientras dormía, sus nietos le pusieron queso en el bigote. Cuando el anciano se levantó, pensaba que el cuarto donde estaba olía mal. Se fue a la cocina y también se le hizo que olía feo. Pero como cuando salió a tomar aire fresco el mal olor seguía, gritó: ¡Todo el mundo huele mal!

Así hay mucha gente. Hay personas que traen queso en el bigote y se les hace que todo el mundo huele mal... menos ellas. A veces atacamos a todos los que creemos que huelen mal, aunque en realidad el mal olor está en el queso de nuestra actitud.

¿Estamos dominando nuestro enojo o el enojo nos está dominando?

Nunca olvidemos a lo que el enojo nos lleva cuando no lo dominamos.

1) Da lugar al diablo
2) No nos deja vivir una vida de justicia
3) Causa conflictos en la vida de otros

4) Hace que otros se enojen
5) Destruye nuestra integridad
6) Nos lleva a tomar malas decisiones
7) Impide que recibamos bendiciones de Dios
8) Trae castigo sobre los que se enojan
9) Lastima más a la persona que se enoja que a la que
    causa el enojo

Si usted padece de esto, le tengo buenas noticias. Hay
un Cristo que quiere darle una paz que sobrepasa cualquier
entendimiento humano y puede ayudarle a controlar su
enojo. Eso afirma Filipenses 4.7:

*Y la paz de Dios, que sobrepasa todo entendimiento,
guardará vuestros corazones y vuestros pensamientos
en Cristo Jesús.*

Como dice el canto, «Paz, cuán dulce paz es aquella que
el Padre me da».

¡Cambia tus tragedias en triunfos!
Podemos dominar el enojo.

Capítulo 7

La depresión: Cómo derrotarla

«NO PUEDE ESTAR TRISTE UN CORAZÓN que alaba a Cristo», dice la canción. Entonces nos preguntamos: ¿Por qué pasamos por períodos de depresión? ¿Por qué hay momentos en nuestra vida en que pasamos por malos ratos?

O ¿cree usted que hay alguien que nunca haya estado deprimido?

Por eso en este capítulo quiero hablar sobre cómo derrotar la depresión antes de que la depresión nos derrote.

La depresión es un gran problema en la actualidad. Los médicos la llaman «la gripe de las enfermedades emocionales». ¿Por qué la llaman de esa manera? Veamos algunas explicaciones.

1) Es muy común

Si nos preguntaran si en esta semana nos hemos sentido deprimidos, estoy seguro que todos reconoceríamos que sí lo hemos estado de una forma u otra. La realidad es que muy fácilmente podemos deprimirnos. Uno va en el auto cantando, tan contento que ni siquiera se da cuenta de que ha pisado el acelerador un poco más de la cuenta. Por supuesto, tampoco se da cuenta de la velocidad que lleva. De pronto aparece la policía, le pone una multa y la sensación de bienestar se convierte en depresión por el mal rato que ha tenido que pasar. Esto es tan común que puede sucederle a cualquiera y en cualquier momento.

2) Es contagiosa

¿Se ha dado cuenta de qué es lo que pasa cuando tenemos una persona deprimida a nuestro alrededor o cuando se convive a diario con ella? ¡Puede contagiarnos! Es más fácil que llegue a nosotros lo negativo que lo positivo.

Esto me recuerda la historia de un hombre que estaba a un lado de un puente tratando de huir de la depresión que le atormentaba. Decidió quitarse la vida tirándose de aquel puente. En ese momento llegó un policía con intención de ayudarlo. El policía le pidió que le contará los motivos que tenía para llegar al extremo de querer quitarse la vida, a lo que el hombre respondió:

—Hoy desperté y mi esposa se había ido de la casa. ¡Me abandonó! Mis hijos se fueron también. Cuando llegué al trabajo, me recibieron con la noticia de que estaba despedido. Decidí entonces dar un paseo en mi auto para meditar en mi tragedia, y tuve un accidente, por lo que decidí regresar a casa. Pero al llegar vi con mucho dolor que la casa se quemaba.

El policía al oír aquella gran cadena de tragedias se conmovió. Deprimido, le dijo al suicida:

—¡Adelante, tirémonos juntos!

La depresión es contagiosa y puede afectar a todos los que rodean al deprimido.

Volviendo al pasaje bíblico que tenemos al principio de este capítulo, 1 Reyes 19, encontramos en él un excelente ejemplo de lo que hemos estado diciendo. Se trata de Elías, el gran profeta que Dios había elegido para hablar a Israel y que había sido vocero de Dios por tres años. La historia comienza con un acontecimiento grandioso en la vida de Elías y que se narra en 1 Reyes 18. Si leemos este capítulo, vemos que Elías se deprime en el capítulo diecinueve por lo que había acontecido en el capitulo anterior.

Es una historia conocida. Elías retó a los profetas de Baal a descubrir quién era el verdadero Dios, si Baal o Jehová. Prepararon dos altares. La deidad que demostrara su poder haciendo descender fuego sobre su altar demostraría ser el verdadero Dios.

Durante todo el día, los profetas de Baal lucharon con gemidos y sacrificios sin obtener ningún resultado; pero cuando le tocó el turno a Elías, dijo: «¡Échenle agua al altar siete veces hasta que quede totalmente empapado». Luego el profeta oró: «¡Señor, demuéstrale a este pueblo idólatra tu gran poder y que eres el Dios verdadero!»

Dios se manifestó y pudieron ver su gran poder a través del fuego que bajó del cielo y consumió los altares. Ese día fue de victoria en la vida y ministerio de Elías. Miles de personas se convirtieron de adoradores a Baal a adoradores del Dios verdadero.

Todos estos sucesos se encuentran registrados en el capítulo 18, pero ahora veamos 1 Reyes 19.1-4:

Acab dio a Jezabel la nueva de todo lo que Elías había hecho, y de cómo había matado a espada a todos los profetas Entonces envió Jezabel a Elías un mensajero, diciendo: Así me hagan los dioses, y aun me añadan, si mañana a estas horas yo no he puesto tu persona como la de uno de ellos. Viendo pues, el peligro, se levantó y se fue para salvar su vida, y vino a Beerseba, que esta en

Judá, y dejó allí a su criado. Y él se fue por el desierto un
día de camino, y vino y se sentó debajo de un enebro; y
deseando morirse, dijo: Basta ya, oh Jehová, quítame la
vida, pues no soy yo mejor que mis padres.

Aquí puedo ver a una persona deprimida. La gente deprimida quiere morirse, quiere quitarse la vida, no tiene deseos de vivir. Pero, ¿por qué se deprimió Elías? ¿Por qué
nos deprimimos?

Cuatro errores cometió Elías, errores que también nosotros muchas veces cometemos.

I. Prestó más atención a las emociones que a la realidad

Elías se sentía decepcionado por lo que había pasado
después de aquel gran desafío a los profetas de Baal. Se sentía fracasado por el hecho de que Jezabel lo había mandado
a asesinar en castigo por lo que le había hecho a los profetas
de aquel dios falso. Jezabel era la persona que había intro-
ducido al dios Baal en Israel, y se sintió humillada al enterarse de que Elías había demostrado ante aquellos profetas
y el pueblo que Baal no era el dios verdadero sino Jehová.
En lugar de arrepentirse, la reina se enojó y quiso matarlo.
En cuanto a ella y el origen de aquella idolatría, había fracasado. Cuando el profeta se enteró de la orden de Jezabel, se
olvidó de lo que había sentido en el monte Carmelo y se
sintió fracasado.

Cuando el hombre vive basado en las emociones y no en
la realidad, su vida es un sube y baja. ¿Qué pasa cuando usted y yo dejamos que las emociones controlen nuestra
vida? ¿Qué pasa cuando dejamos que el trabajo nos presio-
ne? De repente nos sentimos frustrados y nos llega la de-

presión. A veces tenemos deseos de amar y a veces no tenemos deseos de hacerlo; a veces queremos ver a cualquiera y otras no queremos ver ni a la reina de Inglaterra. ¿Por qué? Porque ninguna emoción es estable.

Esto nos afecta en todo. Hay muchos cristianos que van a la iglesia cuando lo sienten, o simplemente dejan de asistir «porque no sienten que deben asistir». Hay muchas personas que viven su matrimonio basadas en las emociones y no en la realidad. ¿Qué si uno se levantara por la mañana y le dijera a su pareja: «Hoy no tengo deseos de estar casado contigo»? Creo que nunca nadie lo ha hecho. Aunque uno no tenga deseos de estar casado, la realidad es que si lo está lo está.

Muchas veces nuestra vida cambia porque nos dejamos guiar por las emociones. Los hospitales están llenos de personas a las que cualquier cosa las deprime, de personas que se han dejado dominar por sus emociones. Debemos aprender que nuestra vida debe estar controlada por la realidad y por la fe

Cuando reaccionamos como Elías, nos deprimimos. Permítame hacer algunas observaciones acerca de las emociones.

Todos tenemos emociones y sentimientos

Es un hecho de que todos tenemos emociones y sentimientos. Aun esa persona que pensamos que es muy dura y que no tiene sentimientos, los tiene y tiene emociones, aunque no lo demuestre.

Nuestras emociones y sentimientos influyen en nosotros.

No hay nadie que no haya sido influenciado por sus emociones y sentimientos. Cuando nos enamoramos a primera vista lo que sentimos es una emoción y un sentimiento. Nos dura hasta que descubrimos que esa persona no es lo que sentíamos o pensábamos.

Entre más influencias tienen nuestras emociones y sentimientos, mayor es la posibilidad de caer en alguna depresión.

Una persona que se guía por las emociones es una persona que corre un alto riesgo de vivir siempre deprimida. Hay gente que se guía sólo por lo que su cuerpo alcanza a sentir. Esto no es nada ideal, porque cuando las emociones nos hagan sentirnos en lo alto, estaremos contentos; pero cuando las emociones nos lancen por el suelo, nos deprimiremos. El problema está en que nuestras emociones las más de las veces andan por el suelo, debido al mundo en el que vivimos y la gente que nos rodea.

Elías cayó en la depresión porque se enfocó más en la emoción que en la realidad.

II. Se comparó con otros

Y él se fue por el desierto un día de camino, y vino y se sentó debajo de un enebro; y deseando morirse, dijo: Basta ya, oh Jehová, quítame la vida, pues no soy yo mejor que mis padres (1 Reyes 19.4).

Se comparó con sus padres. Dice el apóstol Pablo:

Porque no nos atrevemos a contarnos ni a compararnos con algunos que se alaban a sí mismos; pero ellos, midiéndose a sí mismos por sí mismos, y comparándose consigo mismos, no son juiciosos (2 Corintios 10.12).

¡Nunca nos comparemos con otros! Cada uno tiene su propia identidad. *¡Somos únicos!* Sus puntos débiles tal vez sean mis puntos fuertes y viceversa. No todos fuimos creados con el mismo carácter ni con la misma habilidad. La meta en la vida no es competir con otros sino ser todo lo que podamos ser para Dios, con nuestra manera de ser, carácter e identidad.

Cuando se cae en la comparación se cae en una trampa. Todos tenemos la tendencia de comparar nuestras debilidades con las fuerzas de otras personas y nos olvidamos que esa persona tiene debilidades que en nosotros posiblemente sean fuerzas. Un ejemplo muy común es el de la persona que no sabe cantar y quisiera cantar como la que sabe. No, no se compare con otros. Si lo hace, se va a deprimir. *Sea usted mismo*.

Cuando Moisés cruzó el Mar Rojo, tomó la vara, tocó las aguas y las aguas se abrieron. Cuarenta años después, Josué cruzó el río Jordán y ni tomó la vara ni tocó las aguas. Dios le había dicho que cuando pusieran la planta del pie en el río, el agua se abriría. Imagínese lo que pensarían los que habían presenciado cómo se abrió el mar al tocarlo Moisés. No dudo que algunos de los antiguos veteranos se dijeran: «Moisés no lo hizo así. Josué está equivocado. El río no se va abrir». Siempre estamos comparando. Se imagina si yo me comparara con Billy Graham. Mejor entrego el ministerio. Todos somos iguales porque fuimos creados a la imagen de Dios, pero todos tenemos diferente identidad y personalidad.

Ahora veamos otro error que cometió Elías.

III. Se culpó de todo

> *Respondió: He sentido un vivo celo por Jehová Dios de los ejércitos; porque los hijos de Israel han dejado tu pacto, han derribado tus altares, y han matado a espada a tus profetas; y solo yo he quedado, y me buscan para quitarme la vida (1 Reyes 19.10).*

Elías lo que en verdad estaba sintiendo era: «Señor, llevo tres años sirviéndote. He trabajado mucho, y este pueblo con el que he trabajado no se ha acercado a ti. He hecho todo lo posible por ganarlos para ti, pero aun no he logrado nada».

Él lo tomó todo muy a pecho. Muchas veces cuando tratamos de ayudar a otras personas, y les hemos dedicado nuestro tiempo y aun nuestra vida, y vemos que no cambian, nos deprimimos y pensamos: «¿Qué habré hecho mal?» Pero déjeme decirle algo: usted no tiene la culpa, sino la otra persona. Tal vez usted pueda ser de influencia para esa persona, pero usted no la domina. Es ella quien decide. Elías hizo su parte predicando del Dios vivo, pero la decisión era del pueblo. No se culpe de los errores de los demás, ni tampoco de que no quieran cambiar. No tome las cosas a pecho. No se deprima por algo que usted no puede controlar.

IV. Exageró las cosas negativas

Cuando se está deprimido, se piensa en lo negativo y se exagera el problema. Según el pasaje, Elías exclamó: «He quedado solo y me buscan para matarme». Se sentía sólo. Pero veamos qué nos dice el versículo dieciocho:

Y yo haré que queden en Israel siete mil, cuyas rodillas no se doblaron ante Baal, y cuyas bocas no lo besaron.

Había siete mil profetas que no habían doblado sus rodillas ante Baal. Elías estaba haciendo su papel de víctima. Pensaba que todos estaban contra él cuando en realidad la única oposición que tenía era la reina Jezabel. La reina estaba en su contra, pero al parecer no tenía intención de matarlo sino de amenazarlo. Si de verdad hubiera querido hacerlo, hubiera dado la orden de matarlo y no hubiera mandado a un mensajero para avisarle lo que tenía planeado hacer. La influencia que tenía sobre el pueblo estaba por el suelo a raíz de lo que había pasado en el monte Carmelo. Si hubiera matado a Elías, lo hubiera convertido en mártir por Jehová, y hubiera estallado una gran revolución. Y no solo eso, sino que ella sabía quien era Jehová y que Elías era su siervo. Lo que quería lograr lo logró: que Elías huyera como un cobarde para que se borrara la imagen de lo que había sucedido en el Carmelo. En el capítulo 18 Elías había quedado como un héroe, como un valiente, pero en el siguiente capítulo lo vemos huyendo como un cobarde.

Lo mismo pasa con nosotros. Nos encanta ir al monte Carmelo, donde todos somos profetas. Allí nos gozamos, recibimos alimento y cae fuego del cielo. Pero cuando salimos al mundo de los problemas, huimos y exageramos lo negativo.

Cuando se está deprimido pensamos en lo negativo y exageramos la situación. Eso hizo Elías según el versículo 10:

Respondió: He sentido un vivo celo por Jehová Dios de los ejércitos; porque los hijos de Israel han dejado tu

pacto, han derribado tus altares, y han matado a espada
a tus profetas; y solo yo he quedado, y me buscan para
quitarme la vida

Elías exageró al pensar que estaba solo. Sin embargo, había siete mil profetas que todavía no habían doblado rodilla ante Baal. En otras palabras, exageró, le puso de más, le falló la cuenta. No contó a los otros seis mil novecientos noventa y nueve profetas. No en balde cayó en un grave estado de depresión.

El remedio de Dios para la depresión
1. No descuidemos nuestras necesidades físicas
Si no queremos estar deprimidos, cuidemos de nuestras necesidades físicas. Los versículos 5-8 dicen:

Y echándose debajo del enebro, se quedó dormido; y he
aquí luego un ángel le tocó, y le dijo: Levántate, come.
Entonces él miró, y he aquí a su cabecera una torta coci-
da sobre las ascuas, y una vasija de agua; y comió y be-
bió, y volvió a dormirse. Y volviendo el ángel de
Jehová la segunda vez, lo toco, diciendo: Levántate y
come, porque largo camino te resta. Se levantó, pues, y
comió y bebió; y fortalecido con aquella comida cami-
nó cuarenta días y cuarenta noches hasta Horeb, el
monte de Dios.

Gran parte del remedio de la depresión de Elías fue descansar, comer y relajarse. Elías necesitaba descansar. Había tenido una gran aventura en el capítulo 18, pero se sentía cansado y decepcionado. El poder de Dios se había manifestado, pero durante todo ese día había tenido que esperar que los sacerdotes de Baal clamaran a su dios y esperaran que Baal hiciera algo. Cuando llegó la tarde, le correspondió el turno a él. Tuvo que clamar a Jehová y después ver lo que Dios hizo. Luego le avisaron que Jezabel, en lugar de reconocer a Jehová, había mandado matarlo. Estuvo huyendo un día entero. Claro que estaba cansado. No había tenido tiempo de comer ni de recobrar sus fuerzas. Por eso Dios no lo condenó, ni exhortó, sino que le dio comida y descanso. Lo tomó en sus brazos. Lo ayudó a restaurarse.

Este principio lo debemos tomar bien en serio. Tenemos que cuidarnos mejor físicamente. Una buena noche de descanso, una buena comida y tranquilizarnos cambia nuestra actitud ante la vida y sus problemas. He visto personas que, al contrario, no se cuidan y todo el día están enojadas, y hasta pican y muerden. Pero Dios puede ayudarnos de la misma manera que a Elías. Cuando sintamos la presión del día, del trabajo, de los problemas, tomemos un tiempo para descansar y recobrar las energías. Uno no se hace ningún bien a uno mismo ni a los demás si se descuida en esto. Cuide de sus necesidades físicas.

2. No carguemos nuestras frustraciones, entreguémoselas a Dios

Muchas veces las personas sufren depresión debido a frustraciones que no han exteriorizado por no contárselas a Dios ni a nadie. Hay personas que viven guardando algo en su vida por muchos años, con tal de que nadie se entere y eso les causa frustración.

Y allí se metió en una cueva, donde pasó la noche. Y vino a él palabra de Jehová, el cual le dijo: ¿Qué haces aquí, Elías? Él respondió: He sentido un vivo celo por Jehová Dios de los ejércitos; porque los hijos de Israel

han dejado tu pacto, han derribado tus altares, y han
matado a espada a tus profetas; y sólo yo he quedado, y
me buscan para quitarme la vida (1 Reyes 9-10).

En otras palabras, no había hablado con nadie. Pero en aquel momento Elías comienza a desahogarse, a expresar sus sentimientos. Es bueno que hablemos con Dios de los que sentimos, de nuestros problemas. Pareciera que veces preferimos callar porque pensamos que si le contamos al Señor nuestros problemas, Él no sabrá qué hacer con ellos. Dios sabe lo que tiene que hacer con nuestros problemas. Callar nos deprime. Exterioricemos todas esas emociones y frustraciones y entreguémoslas a Dios.

Encontramos que Elías sintió siete emociones:

- Temor (v. 3)
- Resentimiento (v. 4)
- Baja autoestima (v. 4)
- Culpabilidad (v. 4)
- Enojo (v. 10)
- Soledad (v. 10)
- Preocupación (v. 10)

Todas estas emociones encontradas se le acumularon a Elías y le causaron aquella depresión. ¿Cuántos de nosotros hemos sentido alguna de estas emociones que causan depresión? No tengamos temor. Recordemos que Dios está con nosotros. No guarde resentimiento; es muy malo y es el error que el diablo más usa. No se menosprecie; usted tiene un gran valor ante Dios. No se sienta culpable de los errores de otros. No se enoje por todo. No se sienta solo; busque la compañía de sus amigos. No se preocupe, porque la preocupación puede causar depresión.

3. Busquemos una manifestación fresca de Dios. (vv. 11-13)

Él le dijo: Sal fuera y ponte en el monte delante de Jehová. Y he aquí Jehová que pasaba, y un grande y poderoso viento que rompía los montes, y quebraba las peñas delante de Jehová; pero Jehová no estaba en el viento. Y tras el viento un terremoto; pero Jehová no estaba en el terremoto. Y tras el terremoto un fuego; pero Jehová no estaba en el fuego. Y tras el fuego un silbo apacible y delicado. Y cuando lo oyó Elías, cubrió su rostro con su manto, y salió, y se puso a la puerta de la cueva. Y he aquí vino a él una voz, diciendo: ¿Qué haces aquí Elías?

Estas son algunas observaciones que he hecho en cuanto a las nuevas manifestaciones de Dios que necesitamos cada día de nuestra vida:

Dios se manifiesta de diferentes maneras

En el monte Carmelo, ante los profetas de Baal, Dios se manifestó con fuego. Más tarde se le manifestó en una brisa apacible. La gente da por sentado que Dios se manifiesta solo por medio de situaciones dramáticas en la vida. No sé de dónde han sacado esa teología. Muchas personas van un paso más adelante y dicen: «Si no se manifiesta de esta manera, no es Dios». Sin embargo, la hermosa realidad es que Dios se manifiesta de la manera que Él quiere. Preste atención a las nuevas manifestaciones de Dios en su vida. En el monte Carmelo Elías lo vio manifestarse como un fuego, pero en el versículo que acabamos se le manifestó como una brisa apacible.

Cuando Dios llega debemos salir a su encuentro

Cuando Elías oyó que Dios llegaba en una brisa apacible, se cubrió el rostro con su mano, y salió a la entrada de la cueva. Al salir estaba diciendo: «Si Dios esta allí, allí es donde debo estar». Dios hace su parte. Hagamos la nuestra. Hay muchso que quieren que Dios esté en su casa, pero a veces no quieren ir a la casa de Dios. Dios está con nosotros, y debemos cumplir con nuestra parte saliendo a encontrarnos con Él.

1) Busquemos nuevas instrucciones de parte de Dios

Cuando Dios llega, nos quita la carga y nos reencamina. Elías recibió cosas nuevas según los versículos 13 al 18.

Y cuando lo oyó Elías, cubrió su rostro con su manto, y salió, y se puso a la puerta de la cueva. Y he aquí vino a él una voz, diciendo: ¿Qué haces aquí Elías? El respondió: He sentido un vivo celo por Jehová Dios de los ejércitos; porque los hijos de Israel han dejado tu pacto, han derribado tus altares, y han matado a espada a tus profetas; y solo yo he quedado, y me buscan para quitarme la vida. Y le dijo Jehová: Ve, vuélvete por tu camino, por el desierto de Damasco; y llegarás y ungirás a Hazael por rey de Siria. A Jehú hijo de Nimsi ungirás por rey sobre Israel; y a Eliseo hijo de Safat, de Abel-mehola, ungirás para que sea profeta en tu lugar. Y el que escapare de la espada de Hazael, Jehú lo matará; y el que escapare de la espada de Jehú. Eliseo lo matará. Y yo haré que queden en Israel siete mil, cuyas

rodillas no se doblaron ante Baal, y cuyas bocas no lo
besaron.

Aquí Dios dio nuevas instrucciones a Elías. Dichas instrucciones incluían tres cosas.

- *Acción*. Ve, toma acción, levántate de donde estás *(v.*
  15).
- Propósito. Dios encomendó a Elías una tarea: ungir a
  dos reyes y a un profeta (v. 16).
- Esperanza. La esperanza de que las cosas cambiarían
  por que iban a tener un nuevo rey y profetas todos
  los que no habían rendido servicio a Baal estarían con
  él. La manera en que Dios le dio a Elías el remedio
  para la depresión fue de tres maneras. Lo levantó, le
  dio un propósito y una esperanza. (V. 18.)

La manera de salir de una depresión es motivarnos en el
Señor, seguir creciendo, participar en los trabajos de la iglesia, hacer algo por el Señor. Sabía usted que una mente de-
socupada es el mejor taller de Satanás. ¡Adelante! Haga
algo por Jesús, y no tan solo por hacer algo sino con el propósito de que otras personas lleguen al conocimiento de
Cristo, de que otros sean edificados para que un pueblo
nuevo se levante a servir al Señor.

¿Cómo derrotar la depresión? No cometiendo los mismos errores que cometió Elías, cuatro de ellos fueron:

I. Prestó más atención a las emociones que a la realidad
II. Se comparó con otros
III. Se culpó de todo
IV. Exageró las cosas negativas

Hay nuevas instrucciones para nuestra vida cuando somos hijos de Dios.

1) No descuidemos nuestras necesidades físicas
2) No carguemos nuestras frustraciones, entreguémoselas a Dios
3) Busquemos una manifestación fresca de Dios
4) Busquemos nuevas instrucciones de parte de Dios

¡Cambie sus tragedias en triunfos!
¡Podemos derrotar la depresión!

Capítulo 8

La soledad: Cómo vencerla

LAS ESTADÍSTICAS NOS DICEN que el 25% de la población se ha sentido sola dentro de la ultima semana. Es decir, una de cada cuatro personas ha tenido un sentimiento de soledad en los últimos siete días.

La soledad es uno de los sentimientos más tristes que el ser humano puede experimentar. Uno puede sentirse que nadie le ama, que nadie se preocupa si existe o no.

Nadie necesita estar solo para sentir soledad. En efecto, no es el número de personas que se tiene alrededor lo que determina la soledad, sino nuestra relación con ellas.

Uno puede ser rico y sentirse solo; si no me cree, pregúntele a Howard Hughes. Uno puede ser famoso y sentirse solo; si no, pregúntele a Elvis Presley. Uno puede estar casado y sentirse solo, si no pregúntele a alguien que se haya casado para no sentirse solo y que años después terminó divorciándose por la misma razón.

La segunda carta del apóstol Pablo a Timoteo fue una de las últimas cartas que Pablo escribió. Ya se estaba enfrentando a la muerte. En el capítulo 4 le escribe a su hijo en la

fe Timoteo, y en ese pasaje podemos encontrar cuatro cau-
sas de la soledad.

Cuatro causas de soledad

1. Las transiciones de la vida

La vida esta llena de transiciones y etapas. El proceso de
llegar a la vejez constituye una serie de cambios, y puede
producir soledad en cualquier momento. El primer día en la
escuela, buscar un trabajo, jubilarse, la muerte de un ser
querido son algunas de las cosas que nos hacen sentirnos
solos.

Pablo está en la transición final de su vida, y sabe que su
tiempo está cerca. Se siente solo.

En el versículo 6, Pablo dice:

*Yo ya estoy para ser sacrificado, y el tiempo de mi parti-
da está cercano.*

Sabía que estaba en una transición en su vida. Al estar
solo los últimos días de su vida, Pablo dijo en 2 Timoteo
4.7-8:

*He peleado la buena batalla, he acabado la carrera, he
guardado la fe. Por lo demás, me está guardada la coro-
na de justicia, la cual me dará el Señor, juez justo, en
aquel día; y no sólo a mí, sino también a todos los que
aman su venida.*

La primera causa de la soledad son las transiciones de la
vida.

2. Las separaciones de la vida

Cuando uno está separado de sus familiares y amigos,

puede sentir soledad. Veamos lo que Pablo le dice a Timoteo en el versículo 9:

Procura venir pronto a verme.

Luego Pablo menciona a sus mejores amigos en los versículos 10 al 13. Habían sido sus mejores amigos, sus compañeros en sus viajes misioneros. Pero al final de su vida Pablo sintió la soledad de la separación, porque sus amigos estaban en otro país. Ninguno está con él, excepto Lucas. Dos veces Pablo le dice a Timoteo en los versículos 9 y 21. «Procura venir». La separación nos causa soledad.

3. Las oposiciones de la vida

En los versículos 14 y 15, leemos:

Alejandro el calderero me ha causado muchos males; el Señor le pague conforme a sus hechos. Guárdate tú también de él, pues en gran manera se ha opuesto a nuestras palabras.

En otras palabras, Pablo está diciendo: «No tan solo me estoy envejeciendo, y estoy aquí solo en la prisión, sino que también me están atacando». La oposición nos hace sentirnos solos.

4. Los rechazos de la vida

Creo que esta cuarta causa es la más dolorosa. Pablo se sintió así. Veamos el versículo 16:

En mi primera defensa ninguno estuvo a mi lado, sino que todos me desampararon; no les sea tomado en cuenta.

Casi podemos escuchar el dolor en la voz de Pablo al pronunciar esta declaración. Cuando trató de armarse de valor, nadie estuvo con él. Nadie habló en su defensa. Todos lo desampararon. El rechazo es una de las cosas más difíciles para el ser humano. Es por eso que un divorcio es tan doloroso y es por eso que Dios aborrece el adulterio. Él sabe que como humanos necesitamos aceptación emocional. Violar esta necesidad con un rechazo es un serio pecado.

Pablo hizo cuatro cosas para combatir la soledad . Haga usted lo mismo.

1. Utilice su tiempo con sabiduría

En otras palabras en cualquier situación por mala que sea, haga lo mejor. Resista la tentación de no hacer nada. La soledad tiene la tendencia de paralizarlo a uno. Resista tal cosa.

«Si la vida le da un limón, hágase una limonada». Esto fue lo que Pablo hizo según el versículo 13:

Trae, cuando vengas, el capote que dejé en Troas en casa de Carpo, y los libros, mayormente los pergaminos.

Pablo no quiso estar sentado en la prisión ni conformarse con limpiar los pisos.

No dijo: «¡Pobre de mí!», ni renegó: «¿Dios, esto es lo que recibo por servirte?» Su primera reacción fue hacer más confortable su estancia en aquel lugar, y dijo: «Voy a sacar el mayor provecho en esta mala situación. Tráeme la capa para estar más cómodo y (tal vez todos) mis libros».

Las personas que se sienten solas no se cuidan, no comen bien, no hacen ejercicio e ignoran sus necesidades personales. En cambio, Pablo dijo: «Tráeme la capa y los libros. Puedo aprovechar las circunstancias para escribir y estudiar». Era una gran oportunidad para Pablo, porque estaba acostumbrado a estar bien activo plantando iglesias. Además, Dios siempre puede utilizar la soledad para algo bueno. Pablo podría haber estado predicando en el Coliseo de Roma, pero Dios permitió que estuviera en prisión para que escribiera una gran parte del Nuevo Testamento.

2. Reduzca su resentimiento

No deje que la soledad se le suba. No exagere ni esté diciendo: «¡Qué solo estoy!» No deje que la soledad haga de usted una persona amargada ni deje que el resentimiento se arraigue en su vida. Pablo dijo en el versículo 16:

En mi primera defensa ninguno estuvo a mi lado, sino que todos me desampararon; no les sea tomado en cuenta.

A Pablo le sobraba el tiempo, pero nunca tuvo tiempo para guardar resentimiento. Sabía que el resentimiento lo haría sentirse más solo, ya que nos hace que construyamos una muralla a nuestro alrededor. Pablo decidió aprovechar las circunstancias para convertirse en una mejor persona. Prefirió aprovechar al máximo su tiempo y no volverse una persona amargada y llena de resentimiento.

3. Reconozca la presencia de Dios. El versículo 17 dice:

Pero el Señor estuvo a mi lado, y me dio fuerzas, para que por mí fuese cumplida la predicación, y que todos los gentiles oyesen. Así fui librado de la boca del león,

¿Dónde está Dios cuando estoy solo? El Señor Jesús

contesta: «*No os dejaré huérfanos*» (Juan 14.18). Dios dijo: «*Nunca te dejaré, ni te desampararé*» (Hebreos 13.15).

Debemos aprender que la soledad es una oportunidad que Dios nos está dando para conocerle mejor. Según el versículo 18, Pablo aprendió esto:

> *Y el Señor me librará de toda obra mala, y me preservará para su reino celestial. A él sea gloria por los siglos de los siglos. Amén.*

4. Piense en las necesidades de otros. Dice el versículo 17:

> *Pero el Señor estuvo a mi lado, y me dio fuerzas, para que por mí fuese cumplida la predicación, y que todos los gentiles oyesen. Así fui librado de la boca del león,*

En lugar de enfocarnos en nosotros mismo , enfoquémonos en otros. En lugar de ver por usted mismo, vea por otros. Empiece a ayudar a otros. Esto fue lo que Pablo hizo. Su meta en la vida era ayudar a otros. Y aunque Pablo estaba solo y al final de su vida, nunca olvidó su meta.

Debemos dejar de edificar paredes entre nosotros y otros y empezar a edificar puentes. Basta ya de vivir quejándonos: «¡Oh Dios, me siento tan solo!» Cambie de actitud y empiece a decir: «Dios, ayúdame a ser un buen amigo en el día de hoy. Ayúdame a edificar puentes en lugar de paredes».

¿Qué dice Dios de nuestra soledad?

Lo primero que dice es: «Te entiendo; de veras, te entiendo». El Hijo de Dios sabe mejor que nadie lo que es sentirse solo. En la hora más oscura de su vida, justo antes de ser crucificado, cuando estaba en el huerto de Getsemaní, todos sus amigos se durmieron. Cuando los soldados lo llevaban, todos sus discípulos huyeron. Pedro lo negó en tres ocasiones. Cuando estaba en la cruz cargando sobre sí todos los pecados del mundo, dijo: «¡Dios mío! ¡Dios mío! ¿Por qué me has desamparado?» Jesús entiende la soledad, y nos dice: «Entiendo cómo te sientes y quiero ayudarte».

Si queremos vencer la soledad debemos:

1. Utilizar el tiempo con sabiduría
2. Eliminar el resentimiento
3. Reconocer la presencia de Dios
4. Pensar en las necesidades de otros

Cambie sus tragedias en triunfos.
Podemos vencer la soledad.

Capítulo 9

El perdón:
Debemos perdonarnos

No ha hecho con nosotros conforme a nuestras
  iniquidades,
Ni nos ha pagado conforme a nuestros pecados.
Porque como la altura de los cielos sobre la tierra,
Engrandeció su misericordia sobre los que le temen.
Cuanto está lejos el oriente del occidente,
Hizo alejar de nosotros nuestras rebeliones.
Como el padre se compadece de los hijos,
Se compadece Jehová de los que le temen.
Porque él conoce nuestra condición;
Se acuerda de que somos polvo (Salmo 103.10-14).

DIOS CONOCE NUESTRA CONDICIÓN. Sabe cómo hemos sido formados. Conoce nuestras debilidades y fortalezas. Sabe que como seres humanos fracasamos, fallamos, nos damos contra la pared, lastimamos gente y nos lastimamos a nosotros mismos. Hay ciertas cosas en nuestra vida que hacemos y que quisiéramos borrar, quitar, olvidar, pero no lo logramos. Hemos ofendido a Dios, a familiares, a nuestro cónyuge y a otros semejantes. Hemos venido delante de Dios a confesar ese pecado, pero ese pecado nos acusa, nos persigue y no podemos tener la paz que necesitamos.

Creo con todo mi corazón que la capacidad de perdonarnos es absolutamente esencial si hemos de encontrar la paz interna y alcanzar el potencial que Dios nos ha dado. Muchas personas no han alcanzado la fuerza ni el don que Dios les ha regalado porque no han podido perdonarse a sí mismas. Aunque van a la iglesia, leen la Biblia, cantan alabanzas, hacen buenas obras, no tienen paz interna. Si bien tratan de contrarrestar el mal que han hecho, no pueden experimentar esa paz interna que necesitan para ser felices. He visto mujeres que en el pasado tuvieron un aborto y no han podido perdonarse a sí mismas el daño que hicieron a un inocente. Han vivido con esa carga y ese tormento durante largo tiempo. Aunque han pedido perdón a Dios, no han podido olvidar ese hecho en su vida. Y también he conocido parejas que se han divorciado y viven preguntándose: «¿Qué hice?», «¿Cuál fue mi error?», ¿ «Por qué no hice mi parte?», «¿Por qué lo deje ir?», «¿Por qué le fui infiel?», «¿ Por qué la maltrate?» Y se la pasan año tras año con estas preguntas, sin poder perdonarse a si mismos.

También he visto a personas cometer errores, fracasar, tomar malas decisiones, ser desobedientes a los padres, a la iglesia, pero llegan a toparse contra la pared y no se pueden perdonar. Viven siempre acusados por aquella mala decisión, aquella ignorancia, aquel pecado, y a pesar de que han buscado a Dios y le han confesado al Señor su pecado, hay algo que no los deja, y siempre el gusanillo del pasado vuelve.

Al apóstol Pedro le costó perdonarse por haber negado tres veces al Señor Jesucristo. Dice la Biblia que Jesús lo miró después que el gallo cantó tres veces, y Pedro se acordó de lo que El Señor le había dicho. Lloró amargamente. Le había fallado al Maestro después de haber caminado con Él. Pero el relato que se encuentra en el evangelio de Juan capítulo 21 nos habla de cómo logró superar la crisis.

Como Pedro, hay mucha gente que ha hecho algo malo en su vida, que ha lastimado su integridad y ha ofendido a Dios. Aunque han buscado al Señor, siempre los asalta aquel mal recuerdo. No han alcanzado a descubrir lo siguiente: *No importa lo que uno haya hecho, dónde haya estado, cuántas páginas de su pasado quiera quitar, a través del perdón y la gracia de nuestro Señor Jesucristo somos nuevas criaturas y podemos alcanzar nuestro potencial para que Dios nos use grandemente para su gloria.* Lo demás no importa, ya que si la gracia de Dios viene sobre nuestra vida, eso es más que suficiente para que seamos una nueva persona en Él. Solamente tenemos que posesionarnos por fe de esa bendición.

A continuación le mencionare algunas de las consecuencias de no perdonarnos a nosotros mismos:

I. Nos castigamos

Cuando no nos perdonamos, vivimos castigándonos. Es como si tuviéramos un videocasete y nos la pasáramos regresando a la escena de nuestra vida en que sufrimos una gran decepción, y empezamos a decir: «¡Quién me mandaría a hacer eso!» He conocido a algunas personas que en cuanto a castigarse son especialistas. Piensan que entre más grande sea el pecado, menos serán perdonados, y se castigan, son muy duros con ellos mismos. Es increíble, pero a veces somos nuestros peores verdugos, y hasta gozamos con el castigo.

Recuerdo un ejemplo que nos ilustra perfectamente esto. Para practicar su puntería, Jaime colocaba botellas en cierta posición y trataba de derribarlas con piedras. Durante largo rato estuvo tratando de darle al blanco, pero sin lograr derribar ni siquiera una botella. Su madre, que estaba en la cocina, le pidió a su hija que le dijera a Jaime que la cena estaba lista. De regreso a la casa, Jaime vio al pato de su mamá, y decidió tirarle, pues sabía que no tenía buena puntería. Pero, para sorpresa, le pegó al pato y este murió. Durante la cena, la mamá le pidió a su hija que lavara los platos.

—No —respondió la niña—. Jaime los va a lavar.

—¿Por qué yo? —preguntó Jaime.

—¡Recuerda el pato! —respondió la chica.

Al día siguiente el padre invitó a Jaime a pescar

—No —respondió la niña—. Jaime se queda. Yo voy en su lugar. *se fue?*

—¿Por qué? —preguntó Jaime.

A lo que ella respondió:

—¿Recuerdas el pato?

Y así fueron pasando los días. Pero Jaime, que ya no aguantaba más, muy triste decidió confesarle a su madre su pecado:

— Mamá, ¡yo maté el pato!

—Ya lo sabía —su madre le respondió—. Vi por la ventana cuando mataste al pato. Estaba esperando a ver hasta cuándo permitías que tu hermana te siguiera castigando.

Así mismo pasa con nosotros. Dios ve cuando matamos los patos de la vida, y cuando queremos hacer algo para el

Señor, viene Satanás y nos dice: «¡Recuerda que mataste el pato!» Y empezamos a castigarnos.

II. Incertidumbre

Una vida de incertidumbre es otra de las consecuencias de no perdonarnos. Como nunca nos perdonamos, nunca vamos a estar confiados de que Dios nos ha perdonado, aunque su palabra nos lo asegura en 1 Juan 1. 9 :

> *Si confesamos nuestros pecados, Él es fiel y justo para perdonarnos nuestros pecados y limpiarnos de toda maldad.*

Aquí no dice «casi todos los pecados», ni «uno que otro pecado», ni «poco a poco te perdonará». Dice que el Señor es fiel y justo para perdonárnoslos todos, aún los «patos muertos». Si no nos perdonamos, es que no estamos seguros de que Dios ya nos perdonó. Y Él quiere que estemos seguros de su perdón.

III. Sentimiento de indignidad

A Satanás le encanta llevarnos en viajes de culpabilidad. Cuántos no se han tomado unas vacaciones de ese tipo con Satanás. Por semanas, meses o años se martirizan recordando que son viles pecadores y pensando: «¿Por qué Dios va a contestar mis oraciones después de todo lo que he hecho?»

Claro, no me malentienda. No estoy diciendo que somos dignos del perdón de Dios. Ningún ser humano es digno del sacrificio de Cristo. Él nos perdonó en su amor, y es su amor lo que nos hace dignos de Él. Sin embargo, aunque sabe que ese amor ha cubierto multitud de pecados, el diablo viene y nos dice: «¡No eres digno, no eres digno!»

IV. Humildad falsa

Cuando empezamos a enfocarnos en nosotros mismos, y empezamos a despreciarnos y a decirnos que nos sabemos nada, que no servimos para nada, estamos proyectando una humildad falsa. Cuando nos despreciamos, estamos despreciando nuestra salvación y nuestra posición en Cristo. Fingimos humildad, porque estamos tratando de calmar nuestra conciencia.

V. Privaciones

Hay personas que se privan de cosas que Dios quiere que disfruten. Hay gente que no come, no sale y se priva de las cosas maravillosas que Dios ha diseñado para su bien. Hay gente que no va a la iglesia porque está enojada, y al hacerlo se está privando de una bendición. Luego llegan las consecuencias.

VI. No estar dispuesto a perdonar a otros

Cuando no hay disposición de perdonar, culpamos a otros de la situación en la que nos encontramos, de nuestras desgracias. Perdonémonos para que podamos dejar de hablar de los demás..

Ante las consecuencias de no perdonarnos, ¿por qué no nos perdonamos?

1. Por la desilusión

¿Por qué la gente no quiere cambiar? Por la desilusión que sienten. Tienen miedo de salir desilusionado o desilusionar a otros. Cuando hay desilusión, nos retiramos, nos

El perdón: Debemos perdonarnos   107

retractamos de lo que es la verdad. Nos desilusionamos cuando fallamos en algo. Por ejemplo, nos desilusionamos cuando teníamos el corazón puesto en un noviazgo, en el matrimonio, en una empresa o en alguna cosa y fallamos. Y a veces desilusionamos a los que nos rodean.

Pero la buena noticia es que a Dios nunca lo desilusionamos. Él nos entiende. Sabe quiénes somos y cómo hemos sido formados. El Señor nos conoce y lo conoce todo. No creamos que a Dios le vamos a dar una sorpresa. Dios nos conoce. No quiere que fallemos, pero sabe que somos humanos.

2. Por miedo a cualquier cambio

En cualquier cambio hay riesgo. Por eso tememos a los cambios. Sin embargo, siempre y cuando el cambio sea para mejorar, debemos arriesgarnos a pesar de los riesgos,.

3. Por la repetición del mismo pecado que se espera

No nos perdonamos por que tememos caer de nuevo en el mismo pecado. Olvidamos que el perdón de Dios cubre nuestro pecado pasado, presente y futuro. Acerca de esto, en 1 Juan 2.1 se nos dice:

Hijitos míos, estas cosas os escribo para que no pequéis; y si alguno hubiere pecado, abogado tenemos para con el Padre, a Jesucristo el justo.

Dios sabe que podemos pecar. ¿Cómo se nos ocurre creer que no vamos a pecar? No queremos pecar, pero si caemos, «abogado tenemos para con el Padre, a Jesucristo el justo». Si volvemos a pecar, perdonémonos y pidámosle perdón a Dios. El Señor nos volverá a perdonar. Claro, no podemos pensar que podemos pecar amparados por el hecho de que siempre Dios nos va a perdonar. No juguemos con la misericordia de Dios, porque el Señor también es un Dios de ira. A Dios también se le agota la paciencia.

¿Cómo podemos perdonarnos?

Acepte lo que dice Dios y sea libre.

No ha hecho con nosotros conforme a nuestras
*   iniquidades,*
Ni nos ha pagado conforme a nuestros pecados.
Porque como la altura de los cielos sobre la tierra,
Engrandeció su misericordia sobre los que le temen.
Cuanto está lejos el oriente del occidente, hizo alejar de
*   nosotros nuestras rebeliones.*
Como el padre se compadece de los hijos,
Se compadece Jehová de los que le temen.
Porque él conoce nuestra condición;
Se acuerda de que somos polvo (Salmo 103.10-14).

Aplique la Palabra de Dios y libérese de los sentimientos de culpa. Jesús dijo: «Conoceréis la verdad y la verdad os hará libre». Cuando usted y yo conocemos la verdad y aplicamos la verdad a nuestra vida, nos libertamos de las cadenas del pecado, del fracaso, del pasado. En la verdad de Dios está su perdón, y Dios no perdona a medias. Dios no nos dice: «Voy a perdonar tu pasado, pero tu futuro luego lo arreglo». ¡No! Dios nos dice: «Te voy a perdonar tu pasado; y por si acaso fallas, te perdono el presente y futuro». La muerte de Cristo fue para todos los tiempos.

Hay cuatro puntos que debemos saber bien sobre el perdón de Dios.

a) Nuestro perdón está basado en lo que Cristo hizo y no en lo que nosotros hicimos.

*No ha hecho con nosotros conforme a nuestras iniqui-
dades, Ni nos ha pagado conforme a nuestros pecados
(Salmo 103.10).*

Conforme a nuestros pecados, ¿cómo mereceríamos ser
tratados? ¡Olvídese! Estaríamos condenados a muerte.
Pero la Palabra de Dios nos dice que no hemos sido tratados según nuestras iniquidades, ni conforme a nuestros pecados. Nuestro perdón está basado en lo que Dios hizo en
la cruz del calvario. Ninguno de nosotros podría hacer
nada por su salvación, por más obras caritativas que haga y
dones que tenga. Si Cristo no nos hubiera perdonado, estaríamos perdidos. El perdón de Dios, que es total, lo obtenemos por la relación que establecemos con Dios, y esto a
través de Jesucristo.

b) El Amor de Dios no tiene límites.

*Porque como la altura de los cielos sobre la tierra, en-
grandeció su misericordia sobre los que le temen (Salmo 103.11).*

¡El amor de Dios es de tamaño familiar! Si pecamos en el
pasado y ese pasado nos sigue atormentando en el presente, recordemos que Dios puede cubrirlo todo con su amor.
El amor de Dios cubre multitud de pecados ¡y no tiene lí-
mite!

c) Nuestros pecados son quitados para siempre y jamás
serán recordados.

*Cuanto está lejos el oriente del occidente, hizo alejar de
nosotros nuestras rebeliones (Salmo 103.12).*

También Dios nos dice en Miqueas 7.19

Él volverá a tener misericordia de nosotros; sepultará nuestras iniquidades, y echará a lo profundo del mar todos nuestros pecados.

¿Por qué viene el diablo y nos acusa? Porque sabe lo débiles que somos a veces. Quiere que olvidemos que cuando aceptamos el perdón de Dios y le reconocemos como el único Salvador de nuestra vida, nuestros pecados quedaron perdonados y olvidados para siempre. Borrón y cuenta nueva. Dios ha arrojado todos nuestros pecados en lo profundo del mar y ha puesto un letrero que dice: «Prohibido pescar».

d) Dios conoce nuestras debilidades.

Él conoce nuestra condición; se acuerda de que somos polvo (Salmo 103.14).

El Señor sabe que somos polvo, sabe que somos humanos. Nosotros a veces no lo recordamos, pero *«Dios recuerda lo que el hombre olvida y olvida lo que el hombre recuerda»*. Como humanos, no aceptamos nuestros errores y fracasos, y nos encargamos de recordarlos aun cuando el Señor ya los ha olvidado. Ni se acuerda. ¡Qué Dios tan grande tenemos! Así que si el diablo nos recuerda nuestro pecado y nuestro pasado, recordémosle su futuro. Él ya está derrotado.

2. Podemos olvidar el pasado y seguir libres de culpa

Algunos cristianos pretenden tener más memoria que Dios. No pueden olvidar lo que Dios ya olvidó. Hebreos 10.17 añade:

Y nunca más *me acordaré de sus pecados y transgresiones.*
3. Siga hacia adelante y camine libre

Para aprender a perdonarnos, tenemos que seguir adelante. *Salgamos de nuestro pasado, vivamos en nuestro presente y miremos hacia el futuro.* Basta ya de cargar con remordimientos en la vida por esas cosas que ya le hemos confesado a Dios. Si hemos lastimado a alguien, perdonémonos. Si hemos fracasado y solo Dios y nosotros lo sabemos, perdonémonos.

Recuerde los tres pasos para perdonarnos a nosotros mismos:

1. Acepte lo que dice Dios y sea libre
2. Podemos olvidar el pasado y seguir libres de culpa
3. Siga hacia adelante y camine libre

Tenemos que seguir adelante, libres de cualquier sentimiento de culpabilidad que nos haya dejado un fracaso matrimonial, un aborto, una relación ilícita. Si lo hemos confesado a Dios y le hemos pedido perdón por ese pecado, Dios ya nos ha perdonado. Ahora vivamos en santidad, porque sin santidad nadie verá al Señor.

Cambie sus tragedias en triunfos
Podemos perdonarnos a nosotros mismos

Capítulo 10

El perdón:
Cómo perdonar a otros

Por tanto, si traes tu ofrenda al altar, y allí te acuerdas de que tu hermano tiene algo contra ti, deja allí tu ofrenda delante del altar, y anda, reconcíliate primero con tu hermano, y entonces ven y presenta tu ofrenda (Mateo 5.23-24).

Porque si perdonáis a los hombres sus ofensas, os perdonará también a vosotros vuestro Padre celestial; más si no perdonáis a los hombres sus ofensas, tampoco vuestro Padre os perdonará vuestras ofensas (Mateo 6.14-15).

ES IMPOSIBLE PERDONAR A OTROS si no nos hemos perdonado a nosotros mismos y si no hemos arreglado cuentas con Dios. Muchas personas sufren por la falta de enseñanza en cuanto a cómo superarse basados en la gracia de Dios, y cómo superar los problemas que puedan tener con algún ser querido, familiar o amigo.

Si queremos el perdón de Dios, tenemos que perdonar. Es necesario perdonar aún si no somos los culpables. Y si somos nosotros los que ofendimos, tenemos que buscar el perdón de los ofendidos. Tenemos que tomar acción enseguida, e ir sin hipocresía a arreglar cuentas con el hermano ofendido, para que nuestra relación con el Señor siga creciendo. Es imposible crecer en nuestra relación con Dios mientras no perdonemos al hermano que quizás nos caiga mal. ¿Cómo puede uno tener una relación con Dios, a quien no ve, y no poder llevarse bien con su hermano al que ve? Además, la bendición es automática si perdonamos. Si perdonamos, Dios nos trata con misericordia.

Tres objetivos del perdón

1. La reconciliación de dos personas

El propósito primordial del perdón es la reconciliación. El primer objetivo de buscar el perdón de sus seres queridos, amigos, hermanos de la iglesia y su prójimo es lograr la reconciliación con Dios y con el hombre. Uno no puede estar en paz con Dios si no está en paz con su hermano. Para tener libre comunión con Dios tenemos que tener libre comunión con nuestro hermano. El amor de Dios lo proyectamos en nuestro hermano, y después lo demostramos amando a nuestro hermano,

2. La unidad al cuerpo de Jesucristo

El perdón trae unidad al cuerpo de Jesucristo. La iglesia de Jesucristo tiene que ser un cuerpo unido. No estoy hablando de las cuatro paredes de un templo, ni un techo y unos bancos. Usted y yo somos la Iglesia de Cristo. Juntos componemos el cuerpo de Cristo, y ese cuerpo tiene que estar unido, nada de grupos por aquí y por allá. Somos un solo cuerpo, y cuando nos lastimamos todo el cuerpo sufre. Si tomamos un bloque de concreto y nos lo dejamos caer en el pie, todo el cuerpo se va a resentir, se va a dañar y perderá fuerza. De igual manera sucede con el cuerpo de Cristo. Cuando es lastimado por conflictos personales, se duele. Por eso el perdón debe existir en la iglesia y en la familia.

3. La salud emocional

Hay personas que llevan una vida de depresión, inquietud y confusión porque no han podido perdonar. Quizás no han perdonado a sus padres por el abuso sexual o físico a que las sometieron, o a su cónyuge por alguna infidelidad. Es peligroso. Si permitimos que el resentimiento, el rencor o el odio se acumulen en nuestro corazón, sus raíces ocasionarán en nosotros innumerables trastornos en nuestro descanso, en nuestro sistema digestivo y hasta en nuestro sistema nervioso.

Definitivamente, no es saludable tener un espíritu incapaz de perdonar. Cuando no perdonamos no solo lastimamos a los que nos rodean, sino también a nosotros mismos. En cambio, cuando perdonamos, sanamos de nuestra herida, sanamos al cuerpo de Cristo, sanamos a nuestra familia; y lo que hayamos podido acumular dentro de nosotros queda liberado.

Algunos obstáculos que impiden perdonar

1. Inseguridad

Cuando hay inseguridad no se quiere tomar riesgos, y al perdonar se corre el riesgo de que la persona que nos pide perdón no esté de verdad arrepentida. Consecuentemente, a veces nos encontramos con la persona que nos ofendió y tal vez la saludamos, pero no nos acercamos a ella. Tememos volver a ser lastimados.

2. Amargura

He escuchado a muchas personas que han estado en mi oficina expresarse con frases como «*Lo odio*», «*No lo puedo ver*», «*Me cae mal*». Son frases que reflejan amargura, Este es un grave obstáculo para el perdón. Hay personas a las que les gusta tanto vivir amargados que cuando prueban un limón se les hace dulce. Querido amigo, no tengo el gusto de conocerle de una manera personal. No sé cómo es usted en su casa ni con cuánta amargura está viviendo. Lo que sí sé es que esto es la consecuencia de no tener un espíritu perdonador. Dele una oportunidad al perdón. Es lo único que puede cambiarlo todo.

3. Envidia

A veces no podemos perdonar porque envidiamos a la persona que nos ha ofendido. No soportamos el hecho de que tenga un buen trabajo, o un buen hogar, o se esté superando. Cuando la envidia nos consume, sentimos envidia hasta de que Dios la esté bendiciendo en lugar de alegrarnos de todo lo bueno que está sucediendo, de lo que Dios le está dando.

La envidia no es buena, y su raíz está en la falta de perdón. Por eso los escribas y fariseos mandaron a Cristo a la cruz. No podían perdonar lo que Jesús estaba haciendo con las tradiciones judías. Aunque hacia milagros los sábados, las multitudes lo seguían y lo aclamaban. En cambio, ellos estaban perdiendo popularidad entre la gente. La envidia fue tan grande que lo llevaron a la cruz. La envidia es una barrera para no perdonar.

4. El temor

Tenemos temor a perdonar y ser lastimados de nuevo. No queremos sufrir otra decepción. Les pasa como al gato que se sentó en la estufa caliente. Cada vez que ve una estufa no se sienta en ella aunque este fría. Teme quemarse otra vez. La gente no perdona por temor a que la lastimen otra vez. Tenemos que superar ese temor, si queremos obtener la paz de Dios.

5. Autocompasión

Hay personas que sienten lástima de sí mismas. Siempre andan diciendo: «*Soy la persona a la que más han lastimad*», «*Pobrecito de mí, no merezco esto*», «*No esperaba esto de esa persona*».

Muy bien, ya pasó. Basta de procurar que nos tengan lástima. Charlie Brown dijo: «*Este mundo fuera perfecto si no fuera por los humanos*». ¡Cuántas iglesias fueran perfectas si no hubiera humanos en ellas! ¿Cuántos pueden decir que por lo menos no somos 99% imperfectos? Todos tenemos colita que nos pisen. Como humanos que somos, nos lastimamos, tenemos diferencias. Porque sabemos que somos imperfectos, buscamos a Cristo, vamos a la iglesia y leemos la Biblia. El problema es que la gente del mundo espera ver perfección en usted y en mí, aunque no la va a ver. Tenemos que luchar por mejorar esas imperfecciones.

6. Enojo

¿Cuántos de nosotros nos hemos enojado por lo menos una vez en la vida? Tal vez nos enojamos porque nuestra pareja no cambió el reloj y nos levantamos tarde. Recuerde algo sobre el enojo: El enojo es una decisión. Una persona escoge cuándo y por qué se enoja. Hay gente a las que el enojo les dura cinco minutos. Los admiro. Pero hay gente a las que les dura días, semanas o años, inclusive toda la vida.

El enojo en sí no es malo. La Biblia dice: «*Airaos pero no pequéis*». Aunque a algunos les dura mucho, uno es el que decide amargarse. Lo único que logra con el enojo son arrugas, canas, úlceras. Todo tiene solución. No nos acor-

temos los días. Recuerde que la persona que nos hace enojar nos controla. ¿Quién nos hace enojar? Su esposo,
esposa, hijos, familia lo controlan. Pero el enojo es una decisión, una emoción que puede controlarse. Que no quiera
controlarla es otra cosa. Recuerde yo soy humano y le digo
que sí se puede. Tim LaHaye y Bob Phillips tienen un libro
tremendo sobre el enojo, *Usted se enoja porque quiere*, pu-
blicado por Editorial Vida en 1982. Lo recomiendo. Tenemos que controlar el enojo. Mientras estemos enojado
con nuestro prójimo, no podremos perdonarlo. Domine-
mos el enojo para poder perdonar.

7. Orgullo

Uno de los factores más grandes de la falta de perdón es
el orgullo. Decimos: *«Manchó mi apellido; nadie me había
ofendido como esta persona».* El orgullo nos lleva a no perdonar. La realidad es que a veces nos preocupamos demasiado de que nos hayan lastimado, de que nuestra
reputación haya sido manchada. Debiéramos preocuparnos más por el testimonio cristiano y lo que opina Dios de
nosotros que por nuestro apellido y reputación. Al agradar
a Dios y cuidar nuestro testimonio estaremos cuidando
también nuestro apellido.

8. Cuentas

Hay personas que siempre «llevan la cuenta» de lo que
les han hecho. Siempre están pensando que se la deben.
Nunca lo olvidan hasta que se la pagan. Y siempre en su
memoria llevan la cuenta abierta de lo que les han hecho.

9. Merecimiento

«No merecen que los perdone. No merecen otra oportunidad». Yo me pregunto: ¿Merece alguien recibir el perdón de Dios? Dios nos perdona no porque lo merecemos.

Recibimos el perdón por la gracia de Dios, y esa misma gracia debe de estar en nosotros para perdonar a otros.

10. Venganza

Fallamos en perdonar a otros porque sentimos la necesidad de vengarnos. El cristiano no debe ni siquiera pensar en eso.

Estoy totalmente en desacuerdo con los «cristianos» que demandan a otros cristianos. Parece que últimamente esta de moda. Aun entre familias se demandan. ¿En qué mundo estamos viviendo? Pablo, guiado por el Espíritu Santo, nos dice que no debemos llevar a nuestros hermanos en la fe ante los tribunales, sino más bien perdonar el agravio.

11. Falta de fuerza

Nos faltan las fuerzas para perdonar. Cuando estemos tan lastimados que no tenemos fuerzas físicas, mentales, ni emocionales para perdonar a otros, debemos apoyarnos en el Señor y pedirle fuerzas para poder perdonar a nuestro ofensor.

12. Temor a ser rechazado

Mucha gente no quiere hacer las paces porque tiene miedo al rechazo. «¿Qué si no me aceptan o no me quieren hablar?» Si nos hacen eso, el asunto deja de ser problema nuestro. Ya cumplimos. Si la otra persona no nos perdona, esa persona tiene que arreglarse con Dios.

Cómo remover lo que impide perdonar

1. Reconozcamos el peligro que corre un corazón que no perdona

Es muy importante. El no perdonar afecta nuestro caminar con Dios. Además, nos afecta física y emocionalmente, y afectará nuestra convivencia con otros hermanos o familiares. Pero sobre todo, nos hará correr el peligro de afectar la relación que tenemos con Dios.

2. Arrepintámonos. Pídale a Dios que le perdone y determine qué es lo que va a cambiar.

Ser lastimados
+ Mi enojo
+ <u>Mi decisión de retener el enojo</u>
No perdonar

Debemos arrepentirnos de esa actitud, salir de ese vaso y no ahogarnos solos.

3. Aceptemos nuestra responsabilidad

Como cristianos, usted y yo debemos de ser los primeros en pedir perdón aunque no tengamos la culpa. Y como cristianos, también debemos de ser los primeros en perdonar. Esto no es una opción, sino un mandamiento. Nuestro mayor ejemplo es nuestro Señor Jesucristo. Cuando el Señor estaba en la cruz del Calvario, pudo exclamar: «*Padre, perdónalos*». El amor de Dios debe ser nuestra mayor motivación y lo que nos impulsa a practicarlo.

4. Busquemos la restauración

Restaurar a la persona ofendida, hacer lo incorrecto correcto. Ya que hicimos el daño, hay que arreglar ese daño.

Consejos para la restauración

1. Perdonemos sin esperar restitución

Nunca pidamos nada a cambio cuando vayamos a pedir perdón.

2. Si ofendimos, perdonemos con restitución

Tratemos de ayudar y cambiar el mal a bien, y restituyamos lo dañado.

3. Renunciemos a los sentimientos bajos

Dejemos el resentimiento y el enojo. Si nos han ofendido, tratemos de quitar todo esto, porque si no lo hace se transformara en amargura y traerá nuevos conflictos a nuestra vida. Hebreos 12.15 dice:

Mirad bien, no sea que alguno deje de alcanzar la gracia de Dios; que brotando alguna raíz de amargura, os estorbe, y por ella muchos sean contaminados.

En esto hay un peligro de no alcanzar la gracia de Dios y no olvide que esto es el arma que nos ayuda a vencer el enojo y resentimiento. Al no alcanzar su gracia, contaminaremos a otros.

4. Recuerde la gracia de Dios y su ejemplo

Soportándoos unos a otros, y perdonándoos unos a otros si alguno tuviere queja contra otro. De la manera que Cristo os perdonó, así también hacedlo vosotros (Colosenses 3.13).

Y aun así hay mucho que se quejan y no perdonan.

5. Reconozcamos que el perdón es una decisión

El mejor ejemplo del perdón como una decisión lo vemos en Mateo 18. En ese pasaje, el rey perdonó al siervo, pero este no perdonó a su compañero. Optó por no perdonar. Al poco tiempo, los verdugos llegaron a castigarlo. Fue una mala decisión que pagó caro.

Nuestros peores verdugos son los resentimientos, el enojo, las amarguras, sentimientos que martirizan físicamente, y que permanecerán con nosotros hasta que decidamos perdonar. Por eso, es necesario que reconozcamos

que perdonar es una decisión. Por eso también, no mezcle-
mos el perdón con los sentimientos. El tiempo puede írse-
nos esperando sentir para perdonar. Hagámoslo enseguida
y nos sentiremos bien.

Tal vez usted está pensando: «Abel Ledezma no me entiende». Tal vez tiene razón, pero Jesús si le entiende. Para
Él no fue emocionante ni fácil perdonarnos. Fue una decisión costosa. El perdón de nuestros pecados le costó morir
en la cruz. Si se hubiera basado solo en sus sentimientos, tal
vez no lo hubiera hecho. Pero decidió hacer la voluntad del
Padre y reconciliarnos con Él.

Ahora bien, si Dios nos perdona, ¿quiénes somos nosotros para no perdonar a otros?

El perdón a otros cumple con tres objetivos principales:

1)Trae reconciliación entre dos personas
2)Trae unidad al cuerpo de Cristo
3)Trae sanidad emocional

¡Cambie sus tragedias en triunfos!
Usted puede perdonar a otros.

Capítulo 11

La tragedia:
Cómo convertirla en triunfo

TODOS HEMOS EXPERIMENTADO alguna vez el mal sabor de la tragedia. Algunos han perdido a un ser querido, y otros han perdido a su familia al consumarse un divorcio. En octubre de 1990 murió el esposo de mi hermana en un accidente automovilístico. Era un hombre joven con hijos pequeños y con todo un futuro por delante. Una mujer que conducía bajo la influencia del alcohol golpeó el carro en donde iba toda la familia.

Desafortunadamente, él murió. ¡Cuántos sueños y deseos se esfumaron! Era una tragedia que no esperábamos. Creo con todo mi corazón que cuando tenemos un deseo, una meta, y de repente llegamos a un camino sin salida, muchos de nuestros sueños se esfuman y nuestros deseos quedan frustrados. Uno ya no quiere volver a intentarlo por temor a fracasar. Es como el gato que se sentó en la estufa caliente. Jamás se sentará de nuevo en una estufa caliente, pero tampoco se sentará en ninguna otra estufa, aunque este fría.

Pero déjeme decirle algo: El éxito en la vida no se mide por la posición que uno ha alcanzado, sino por los obstáculos que venció tratando de triunfar. Cuando usted y yo hablamos de éxito, a mí no me interesa adónde ha llegado usted, sino qué cosas tuvo que vencer para lograr su objetivo. Ese es la verdadera medida de nuestro éxito como cristianos, padres, hombres, mujeres, etc.

Pero ¿qué pasa cuando soñamos y todos nuestros sueños se vienen abajo? ¿Por qué tenemos fracasos así? Sin embargo, ¿quién no ha fracasado en alguna ocasión? La experiencia nos enseña que para tener éxito tenemos que pasar por los fracasos. Por eso quiero hablarle de tres realidades acerca del fracaso:

Todos los tenemos

No hay duda de que todas las personas pasan por algún tipo de fracaso ya sea familiar, en el trabajo, en los negocios, etc.

Entre más cosas intentamos, más posibilidad tenemos de fracasar

Esta es una realidad indiscutible. Pero el otro lado de la moneda es que el que no ha fracasado nunca es que nada ha intentado; y no hacer nada es ya en sí un fracaso. Cuando se acepta el fracaso como una finalidad, es realmente un fracaso.

Los fracasados pueden ser de dos tipos:

1. Los que pensaron algo y nunca lo hicieron

Lo piensan tanto, que todo se queda en el deseo. Desean tomar clases de inglés o de guitarra, pero nunca hacen nada. Las intenciones son buenas pero la voluntad es débil.

2. Los que hicieron algo que nunca pensaron bien

Estos son los que hacen y nunca aprenden de sus errores. Cuando fracasan, no se sientan a meditar sobre cómo no volver a cometer los mismos errores.

Cinco principios bíblicos para cambiar las tragedias en triunfos

Como hemos visto, todos en alguna ocasión hemos experimentado o experimentaremos algún tipo de fracaso. Veamos la historia que se encuentra en 2 Reyes 6.1-7 y que nos ilustra con claridad estos principios:

Los hijos de los profetas dijeron a Eliseo: He aquí el lugar en que moramos contigo nos es estrecho. Vamos ahora al Jordán, y tomemos de allí cada uno una viga, y hagamos allí lugar en que habitemos. Y él dijo: Andad. Y dijo uno: Te rogamos que vengas con tus siervos. Y él respondió; Yo iré. Se fue pues con ellos; y cuando llegaron al Jordán, cortaron la madera. Y aconteció que mientras uno derribaba un árbol, se le cayo el hacha en el agua; y gritó diciendo: ¡Ah Señor mío, era prestada! El varón de Dios preguntó: ¿Dónde cayó? Y él le mostró el lugar. Entonces corto él un palo, y lo echó allí; e hizo flotar el hierro. Y dijo: Tómalo. Y él extendió la mano, y lo tomó.

II. Reconozcamos que tenemos un problema (v. 5)

Y aconteció que mientras uno derribaba un árbol, se le cayó el hacha en el agua; y gritó diciendo: ¡Ah Señor mío , era prestada!

El hombre de este pasaje reconoció que tenía un problema al exclamar que el hacha que había perdido era prestada. La mayoría de los fracasos se deben a que la gente que fracasa nunca quiere reconocer que tienen problemas ni que ellos son el problema. Siempre están buscando excusas y culpables para todo. La mayoría de las personas que están en prisión pocas veces confiesan que son culpables. Si uno les pregunta por qué están allí, contestan que están presos por culpa de su papá, de algún amigo, etc. Ellos son inocentes. Los culpables somos los que estamos afuera. Nunca quieren reconocer su problema

Jorge Washington Carver dijo: «El 99% de los fracasos los tienen las personas que tienen el hábito de poner excusas». Pero si usted quiere cambiar sus tragedias en triunfos debe reconocer que tiene un problema.

II. Regresemos al lugar donde empezó el problema (v.6)

El varón de Dios preguntó: ¿Dónde cayó? Y él le mostró el lugar. Entonces corto él un palo, y lo echó allí; e hizo flotar el hierro.

Si hemos de cambiar nuestras tragedias en triunfos tenemos que regresar al lugar donde empezó el problema. Normalmente lo que todos hacemos es alejarnos de ese lugar, de esa casa, de esa ciudad, por que no queremos regresar y recordar el fracaso. Yo quiero darles algunos sitios donde los problemas empiezan.

1. *El sitio de las prioridades mal ordenadas*
Casi siempre dejamos de hacer lo importante por hacer lo urgente. No necesariamente lo urgente es lo importante.

Es cierto que lo urgente suele luchar, arañar y pedir a gritos nuestra atención, nuestro tiempo; y hasta nos hace pensar que hacemos bien en calmar nuestras inquietudes. Lo importante, en cambio, nunca hace ruido, ni demandas; es paciente y espera calladamente que nos demos cuenta de su importancia. Lo trágico es que mientras apagamos el fuego de lo urgente (los quehaceres cotidianos, por ejemplo), lo importante se deja para después..

Pensemos en Marta y María. Cuando se enteraron que el Señor iba a visitarlas, las dos se prepararon. Marta se preparó en lo externo: preparó la comida y la casa para recibir a Jesús. María preparó lo interno: su corazón. Al recordar a Marta, pienso en las personas que están demasiado comprometidas con la obra del Señor, pero no con el Señor de la obra. Pasamos tanto tiempo haciendo lo urgente que nos olvidamos que lo realmente importante es pasar tiempo con Dios en oración y lectura de su Palabra. Cuando intentamos trabajar para el Señor sin invertir tiempo en la adoración, estamos espiritualmente vacíos. Eso es ordenar totalmente mal nuestras prioridades y nos traerá malas consecuencias.

Hay dos cosas que mucho nos cuesta hacer. La primera es hacer las cosas en orden de importancia. La segunda es seguir haciendo las cosas en orden de importancia.

2. El sitio de las actitudes incorrectas

Deberíamos hacernos estas preguntas cuando tengamos problemas. Cuando comenzó el problema, ¿teníamos una buena actitud o una mala actitud? ¿Fue correcta mi actitud o no?

Nunca olvidemos esto: «Nuestra actitud determina nuestra altitud». Si mantenemos una actitud incorrecta, nunca saldremos del problema. Lo que tenemos detrás o enfrente no importa tanto como lo que tenemos dentro. Tal vez no podamos cambiar el mundo que nos rodea, pero sí podemos cambiar la manera en que vemos al mundo dentro de nosotros. ¿Cómo? Al decir las palabras que debemos decir, al leer los libros que debemos leer, al escuchar las conversaciones que debemos escuchar, al estar con las personas con quienes debemos estar, al hacer las cosas que debemos hacer y al orar como debemos orar.

Charles Swindoll dijo lo siguiente:

Mientras más vivo, más me doy cuenta del impacto que tiene la actitud en la vida. Para mí la actitud es más importante que los hechos. Es más importante que el pasado, la educación y el éxito. Es más importante que la apariencia, la capacidad, los dones y las habilidades. Es capaz de formar o destruir una empresa, una iglesia y un hogar. Aun más sorprendente es que cada día tenemos que escoger la actitud con que vamos a vivir. No podemos cambiar muestro pasado, no podemos cambiar la manera en que actúan las demás personas, no podemos cambiar lo inevitable. Lo único que podemos hacer es tocar la única cuerda que tenemos, y esa cuerda es nuestra actitud. Estoy convencido de que un 10% de la vida es lo que me sucede y un 90% es cómo vamos a reaccionar.

III. Apliquemos la cruz de Cristo al sitio de nuestro fracaso (v.6)

El varón de Dios preguntó: ¿Dónde cayó? Y él le mostró el lugar. Entonces corto él un palo, y lo echó allí; e hizo flotar el hierro.

En este pasaje Eliseo aplicó un madero al problema. Me recuerda un caso similar que se encuentra en Éxodo 15.22-27. El pueblo de Israel se encontraba en Mara, un lugar donde las aguas eran amargas. El Señor le mostró a Moisés un árbol que debía echar en el agua. Al hacerlo, las aguas se volverían dulces y el pueblo podría tomarlas.

El anterior es un caso en que la solución al problema fue aplicar un madero. Hay otro caso similar.

Al igual que Eliseo y Moisés, tenemos que reconocer que no somos lo suficientemente fuertes ni sabios para enfrentar nuestros problemas. De no hacerlo, nunca podremos resolverlos. Gracias a Dios que, al vernos perdidos y sin salida, en su gran amor y misericordia nos aplicó la cruz de Cristo para cambiar nuestras tragedias en triunfos. Por eso es necesario que apliquemos la cruz de Cristo a nuestro pecado.

IV. Esperemos un milagro (v.6)

El varón de Dios preguntó: ¿Dónde cayó? Y él le mostró el lugar. Entonces cortó él un palo, y lo echó allí; e hizo flotar el hierro.

Lo que es imposible para el hombre, es posible para Dios. Espere un milagro. ¿O no cree usted que hacer flotar el hierro sea un milagro?

La Biblia nos habla de grandes hombres, hombres que triunfaron. Todos tuvieron sus propias tragedias, y la única manera en que pudieron sobreponerse fue esperar un milagro. Yo no sé cuál es su tragedia. Tal vez está pasando por un divorcio, o un aborto, o la pérdida de algún ser querido, o por un negocio en el que le ha ido mal; pero lo que sí sé es que si espera y cree en el Señor, vera en su vida un milagro de Dios.

V. Extendamos la mano y tomemos lo que necesitamos (v.7)

Y dijo: Tómalo. Y él extendió la mano, y lo tomó.

Muchos de nosotros nos limitamos a mirar los milagros; pero cuando estos suceden en nuestra vida, tenemos que extender la mano y tomarlos. ¿No le parece que Eliseo hubiera podido haber hecho todo el trabajo de una vez? Ya había sucedido lo imposible: el hierro flotó. ¿Por qué no hacer lo posible: tomar el hacha y entregarla en mano del que la había perdido?

Todos los milagros que registra la Biblia empezaron con un problema. Si tenemos un problema, somos candidatos a recibir un milagro de Dios. Pero tenemos que extender la mano y tomarlo. Tenemos que hacer lo que nos corresponde.

Abraham Lincoln dijo: «*Uno ayuda permanentemente a los hombres no haciendo por ellos lo que ellos pueden y deberían hacer ellos mismos*».

Para cambiar las tragedias en triunfos necesitamos determinación> Dios hace lo imposible pero quiere que nosotros hagamos lo posible. Un hermoso ejemplo de esto lo vemos en Juan 9.1. Jesús se encuentra con un ciego de nacimiento, al cual le unta lodo en los ojos y lo manda a lavarse en el estanque de Siloé. Tal vez podríamos pensar: ¿Por qué no dijo solamente «sé sano» y ya? O ¿por qué no dijo a sus discípulos que guiaran a aquel ciego hasta el estanque? Jesús tenía poder y autoridad para hacer cualquiera de estas cosas, pero no lo hizo así. Quería enseñarles y enseñarnos que tenemos que extender la mano y tomar los milagros. Aquel hombre lo hizo: creyó a Jesús, fue, se lavó y regresó viendo. Dios quiere que nosotros también demos ese paso. Si queremos recuperar lo perdido, vayamos y tomémoslo. Dejemos de esperar a que alguien venga y haga lo que debemos y tenemos que hacer. Recordemos: «La oposición no es un obstáculo sino una oportunidad para que podamos usar los recursos que Dios nos ha dado».

Si queremos cambiar nuestras tragedias en triunfos, no lo olvidemos:

1. Reconozcamos que tenemos un problema
2. Regresemos al lugar donde empezó el problema
3. Apliquemos la cruz de Cristo al sitio de nuestro fracaso
4. Esperemos un milagro
5. Extendamos la mano y tomemos lo que necesitamos

Si lo hacemos, nuestra vida será un triunfo y viviremos de victoria en victoria.

¡Cambie sus tragedias en triunfos!

Capítulo 12

El cambio: Cómo lograrlo

SI USTED PUDIERA CAMBIAR ALGO en su vida, ¿qué cambiaría? Algunos dirían que un hábito, otros que su temperamento, otros que una actitud negativa, etc. Pero ¿cómo lograrlo? Creo que todos en alguna ocasión nos lo hemos preguntado.

El cambio es necesario para el crecimiento. Si queremos mantenernos frescos y progresando, debemos seguir creciendo y cambiando. Creo firmemente que una de las tragedias más grandes del hombre es malgastar su vida negándose a cambiar.

Todos en alguna ocasión nos hemos interesado por cambiar. Queremos ser mejores, cambiar de apariencia, adelgazar para cambiar el físico. Para lograrlo compramos libros, asistimos a seminarios, escuchamos casetes. Por dondequiera encontramos todos esos productos. Sin embargo estos, aunque llegan a hacer efecto, es por corto tiempo. Después la gente vuelve a lo mismo

Una de las principales razones por las que no hay un cambio real es que queremos empezar de afuera hacia adentro. Si el hombre ha de cambiar o mejorar, tiene que empe-

zar desde adentro hacia afuera, y solamente Dios puede
hacerlo. No es cuestión de dietas ni de comprarnos un libro, ni de escuchar casetes, ni de pensar positivamente. Es
más bien dejar que Dios haga un impacto en nuestra vida a
través de un proceso que nos lleve hasta el punto de ser la
persona que siempre hemos deseado ser. Max Depree dijo:
«En fin de cuentas, es importante recordar que no podemos ser lo que necesitamos ser permaneciendo como estamos».

La vida de Jacob y el hecho registrado en Génesis
32.24-30 son un excelente ejemplo de cómo Dios puede lograr en las personas un cambio permanente.

> Así se quedó Jacob; y luchó con el un varón hasta que
> rayaba el alba. Y cuando el varón vio que no podía con
> él, toco en el sitio del encaje de su muslo, y se descoyuntó
> el muslo de Jacob mientras con él luchaba. Y dijo: Dé-
> jame porque raya el alba. Y Jacob le respondió: No te
> dejaré, si no me bendices. Y el varón le dijo: ¿Cuál es tu
> nombre? Y él respondió Jacob. Y el varón le dijo: No se
> dirá más tu nombre Jacob, sino Israel; porque has lu-
> chado con Dios y con los hombres y has vencido.
> Entonces Jacob le preguntó, y dijo: Declárame ahora tu
> nombre. Y el varón respondió: ¿Por qué me preguntas
> por mi nombre? Y lo bendijo allí. Y llamó Jacob el
> nombre de aquel lugar, Peniel; porque dijo: Vi a Dios
> cara a cara, y fue librada mi alma.

En los tiempos bíblicos los nombres hablaban de la personalidad o el carácter de la persona. *Jacob* significaba «el
que suplanta o suplantador». En nuestros tiempos le llama-
ríamos «impostor» o «embaucador». La experiencia trans-

formadora que tuvo Jacob al luchar con el ángel le llevó de ser suplantador a convertirse en «*Israel*», príncipe de Dios y padre de toda una nación.

Veamos el método que Dios usó para cambiar a Jacob y que usa para cambiarnos también a nosotros.

1. Lo llevó a una crisis

Dios quiere obrar en nuestra vida, pero nunca cambiaremos hasta que estemos molestos con nuestra situación. Solamente cuando nos sentimos agotados, incómodos, miserables es que actuamos, nos motivamos y buscamos el cambio. Comparemos el caso de Jacob con el que puede ser el nuestro.

Jacob luchó con el ángel. Ya amanecía y no había un ganador. Era una situación que estaba más allá del control de Jacob. Esto nos sugiere una realidad: cuando Dios quiere introducir cambios y obrar en nuestra vida, empieza poniéndonos en circunstancias desconcertantes que estén fuera de nuestro control. Quizás permita que experimentemos problemas y pasemos por alguna que otra crisis para que nos fijemos que es Dios quien está hablando. Si estamos pasando por una situación difícil, Dios esta listo para hacer de nosotros una persona mejor.

¡Dios hará ese cambio en nuestra vida!. Así como el águila incomoda a su aguilucho para que deje de sentirse a gusto en el nido y lo empuja para que empiece a volar, Dios nos empuja, nos incomoda, nos mueve, para que no sigamos en nuestro «nido» sin querer crecer ni superarnos. Él nos quiere echar a volar para que lleguemos a ser la persona que desea que seamos, y se vale de la crisis, la frustración, el problema. Sabe que siempre tememos los cambios, y que solo cuando el sufrimiento sea más grande que el temor optaremos por cambiar sin importar el temor.

2. Puso a prueba su compromiso (Génesis 32.26)

Y dijo: Déjame porque raya el alba. Y Jacob le respondió: No te dejaré, si no me bendices.

En este versículo vemos a un hombre fuerte, persistente, que estaba pasando por una situación que no le gustaba y se mantuvo firme hasta que encontró una solución.

Desgraciadamente, muchas veces perdemos lo mejor de Dios para nuestras vidas. Cuando llega el problema, la crisis, nuestra primera reacción es huir, escondernos y quejarnos en lugar de enfrentarlo y decirle a Dios: «Tengo este problema, me he desvelado, pero no te soltaré hasta que me bendigas». Quizás estamos demasiado acostumbrados a que todo sea instantáneo, como en los restaurantes de servicio rápido. Si tenemos hambre, pedimos por la bocina y dos minutos después ya tenemos la hamburguesa en la boca. Si queremos dinero, vamos a un cajero automático y en segundos lo obtenemos. Nos hemos programado para lo instantáneo.

Jacob, aunque estaba incomodo y molesto, no quería que se le escapara la bendición. Tuvo que luchar y esperar. Dios no siempre nos resuelve nuestros problemas de manera inmediata. Después de todo, el problema que tenemos hoy no se presentó de la noche a la mañana. Muchas de nuestras actitudes, debilidades, acciones, hábitos, arranques de personalidad, temores, así como la manera que tenemos de contestar a nuestro cónyuge, se tomaron años para desarrollarse.

A veces Dios espera para probar si estamos de veras comprometidos. Necesita tiempo para remover capa por capa las malas actitudes, hábitos y costumbres que hemos ido desarrollando durante años. Pero el cambio solo sucede cuando hay compromiso, y este no es un proceso automático.

Hay una gran diferencia entre resolución y compromiso. La resolución es una confesión y el compromiso es una dedicación. Algunas personas dicen que les cuesta orar todos los días y leer la Biblia de una manera sistemática. Empiezan con un deseo genuino el primer día y el segundo, pero al tercero se les olvida todo. Claro, se dice que necesitamos hacer lo mismo diariamente durante seis semanas antes de que llegue a ser un hábito en nuestras vidas. Como no tienen el hábito, toman como excusa que llegan tan cansados de trabajar que lo único que pueden hacer es ver televisión. Pero el Señor puede ayudarlas.

3. Buscó una confesión (Génesis 32.27)

Y el varón le dijo: ¿Cuál es tu nombre? Y él respondió Jacob.

El tercer paso para que Dios nos cambie es la confesión. ¿Cuál era el propósito de la pregunta del ángel? Como mencionamos anteriormente, en los tiempos bíblicos los nombres hablaban de la personalidad de quienes los llevaban. El ángel quiso recordarle a Jacob que había robado la bendición y primogenitura de su hermano Esaú al engañarlo a él y a su padre. Quería que reconociera quién era. Al pronunciar su nombre, que quiere decir «suplantador», Jacob reconoció su debilidad. Reconoció su carácter. Fue sincero.

Esto es muy importante en el proceso. Es mucho más fácil buscar excusas y culpar a otros de nuestros problemas, pero Dios no podrá lograr ningún cambio en nuestra vida

hasta que seamos sinceros con nosotros mismos y reconozcamos que tenemos faltas, pecados, debilidades y errores. Muchas personas no pueden cambiar por que culpan a
otros de sus errores, pero no es tiempo de buscar culpables.
Es hora de mirarnos y evaluarnos, de reconocer nuestras
faltas y discernir lo que Dios quiere cambiar en nosotros.
Basta de ver las faltas de nuestro pastor, cónyuge, hermanos. Aunque sí las tienen, no estamos exentos de ellas.
Dios no obrará en nuestros problemas hasta que reconozcamos que los tenemos.

Al decirle al Señor que hemos pecado, Él no se sorpren-
de. Dios conoce todos nuestros problemas. Pero es necesario confesarle nuestras faltas. El Señor quiere que
reconozcamos que nosotros somos los que estamos mal, y
que Él está bien. Cuando reconocemos nuestros pecados y
los confesamos, empezamos a ser lo que hemos deseado
ser.

4. Requirió su cooperación. (Génesis 32.30)

*Y llamo Jacob el nombre de aquel lugar, Peniel; Porque
dijo: Vi a Dios cara a cara, y fue librada mi alma.*

Dios empezó a cambiar a Jacob cuando éste reconoció
quién era y cooperó con el plan de Dios. Cuando Jacob empezó a cooperar, Dios empezó a actuar. Lo primero que
hizo fue darle una nueva identidad cambiándole el nombre
de Jacob por el de Israel. Cuando hemos tenido un encuentro personal con Dios, no podemos seguir siendo los mismos. Si usted me dice que ha tenido un encuentro con Dios
y su vida sigue igual, solo puedo pensar que está mintiendo.
El que ha estado en la presencia de Dios, nunca podrá ser el
mismo.

Jacob llamó al lugar Peniel porque estuvo en la presencia de Dios. Cuando uno tiene un encuentro personal con Él, el Señor lo satura con su presencia, y la santidad de Dios quita toda amargura y limpia toda cosa que le impida mejorar su vida. Dios convirtió a Jacob el suplantador en Israel el soldado de Dios. Vio en él a un príncipe, cuyo nombre llevaría toda una nación.

¿No le gustaría experimentar un cambio así? ¿Quiere un cambio permanente? ¿Qué le gustaría cambiar en su vida: una debilidad, un carácter difícil? Tal vez se ha metido en líos que nunca imaginó y que han estado fuera de su control. ¿Cuál es el hábito que quiere cambiar: mentir, tomar licor, fumar, bailes, adulterio, fornicación, etc., etc., etc.? Solo Cristo puede lograr cambiar su vida de lo interno hacia fuera y así lograr ese cambio permanente como lo hizo con Israel. Él lo llevaría por las etapas que usó para cambiar a Jacob:

1) Lo llevó a una crisis
2) Puso a prueba su compromiso
3) Buscó una confesión
4) Requirió su cooperación

Quiero terminar este capítulo con esta frase en mente «Puesto que nadie puede regresar y hacer un nuevo principio, mi amigo, todos podemos empezar desde hoy y hacer un nuevo final».

¡Cambie sus tragedias en triunfos
Usted puede lograr el cambio

Capítulo 13

La excelencia: Cómo vivirla

¿CÓMO PODEMOS VIVIR MÁS ALLÁ de lo ordinario? Muchos hispanos que radican en los Estados Unidos han desarrollado un complejo de inferioridad al compararse con los anglosajones. Se sienten inferiores porque están en una nación que no es la suya y entre un pueblo que no es el suyo. Como somos diferentes, llegan a pensar que no podemos hacer lo que ellos hacen.

Esa es una gran mentira del diablo. Satanás quiere que vivamos con mentalidad de inferiores. Quiere que olvidemos la realidad de que seamos anglosajones o hispanos, negros o blancos, de ojos grandes o chicos, somos criaturas de Dios con todo el potencial para ser una persona que viva en plenitud de excelencia. Dios quiere que utilicemos todos los recursos que nos ha dado para gloria y honra suya.

Quiero compartir con usted algunas reflexiones:

- El más grande desperdicio de recursos naturales es el gran número de personas que nunca logran desarrollar su potencial.
- Sálgase de la línea lenta y cámbiese a la línea rápida.

- Si piensa que no puede, no lo hará. Si piensa que puede, hay una gran posibilidad de que lo logre.
- El hecho de hacer un esfuerzo lo hará sentirse una nueva persona.
- Las reputaciones se han ganado haciendo las cosas que no se podían hacer.
- Apuntar hacia abajo es aburrido; apuntar hacia arriba es elevarse.

El plan de Dios nunca ha sido que llevemos una vida mediocre. Hemos sido diseñados para vivir una vida de excelencia. En lugar de pensar que somos uno más en un millón, pensemos que somos un ser único entre cinco mil millones de personas. ¡Créalo! No hay nadie como usted. Dios nos hizo con diferentes cualidades físicas, espirituales y emocionales. Todos somos diferentes.

Pero también es verdad que todos tenemos necesidad de reconocimiento. Es saludable para nuestras emociones que nos reconozcan. Mi hija Damaris, cuando era pequeña, siempre quería llamar mi atención hablándome sin parar. Cuando estrenaba algún vestido, daba vueltas y vueltas hasta que la veía y le decía lo bonita que lucía con su vestido nuevo. Si bien los adultos no gritamos ni damos vueltas como solía hacerlo mi hija, buscamos reconocimiento de diferentes maneras: teniendo una buena casa, vistiéndonos bien, etc. Con ello estamos gritándole al mundo que sí podemos llegar a algo, vivir una vida diferente, ser excelentes, distinguirnos en medio de los demás. Todos queremos vivir por encima de lo ordinario.

Para alcanzar la excelencia se empieza con empezar. Las excusas nos detienen para empezar, nos impiden dar el primer paso hacia lo que Dios tiene para nosotros. ¿Acaso no tenemos una meta que debemos alcanzar? ¿Acaso no tenemos un proyecto que debemos empezar? ¿Acaso no tenemos un sueño que debemos realizar? ¿Acaso no tenemos un plan que debemos ejecutar? ¿Acaso no tenemos una posibilidad que debemos explorar? ¿Acaso no tenemos una idea en la que debemos estar trabajando? ¿Acaso no tenemos un problema que debemos estar resolviendo? ¿Acaso no tenemos una decisión que debiéramos estar tomando?

En 1 Crónicas 4 encontramos el nombre de un hombre que decidió vivir una vida de excelencia. Los primeros nueve capítulos de este libro de la Biblia nos presentan una lista interminable de genealogías con más de seis mil nombres. En medio de todos esos nombres, Dios da mayor mención a un hombre: Jabes. Solo hay dos versículos en toda la Biblia, el 9 y 10 del capítulo 4, que hablan de este hombre, pero se le da una mención honorable. *¿Por qué permitió Dios que se registrara en su Palabra el hecho de que este hombre vivió por encima de lo ordinario? ¿Qué hizo este hombre para que su nombre fuera preservado por más de cuatro mil años y sobresaliera a través de los tiempos?* Leamos lo que nos dice 1 Crónicas 4.9-10.

> *Y Jabes fue más ilustre que sus hermanos, al cual su madre llamó Jabes diciendo: Por cuanto lo di a luz en dolor. E invocó Jabes al Dios de Israel, diciendo: ¡Oh si me dieras bendición y ensancharas mi territorio, y si tu mano estuviera conmigo y me libraras de mal, para que no me dañe! Y le otorgó Dios lo que pidió.*

Este hombre decidió vivir por encima de lo ordinario, analicemos tres principios que nos ayudaran a vivir una vida de excelencia como la que Jabes experimentó.

I. Debemos tener un gran deseo de crecer

Para no ser un cualquiera es necesario tener ambiciones. Muchos de los amigos de Jabes se conformaban con ser personas comunes y corrientes. Eran como muchos que van por la vida sin un plan, sin un propósito y sin ninguna ambición. Nunca logran nada. Existen y nada más. Solamente están ocupando un lugar en esta tierra.

Jabes deseaba ser diferente y buscó la bendición de Dios. Quería algo grande en su vida. Quería extenderse, crecer. Con gran deseo de ser escuchado dijo: «*Si me dieras bendición, y ensancharas mi territorio*». Hizo muy bien. Si el primer principio es vivir con un gran deseo de crecer, tenemos que soñar, pensar lo queremos lograr. Si dejamos de soñar, empezamos a sepultarnos. Si dejamos de tener metas, dejamos de madurar. Hay que buscar algo que nos motive, que nos empuje hacia adelante, hacia la meta, hacia la excelencia. Tenemos que tener algo por qué vivir y que glorifique el nombre de Dios al levantarnos cada mañana.

Dios nos ha hecho para que crezcamos, para que no nos quedemos igual. Su deseo y propósito es que nuestro potencial se desarrolle, pero tenemos que cooperar para que el plan de Dios se lleve a cabo en nuestra vida. Él Señor siempre tiene algo para nosotros. No quiere que caminemos por la vida sin saber qué estamos haciendo ni a dónde vamos. La gente que camina así no hace la voluntad de Dios. La voluntad de Dios es que tengamos un deseo más grande que nosotros, un sueño que nos lleve a ser el cristiano que Él quiere que seamos.

Hay tres conceptos erróneos por los que muchos cristianos evitan tener un gran deseo de crecer. Veamos.

1. Confundimos la humildad con el temor

No deseamos cosas grandes porque confundimos la humildad con el temor. Vivimos diciendo: *«Nunca podré hacer eso»*. Pero déjeme decirle que eso no es humildad, sino temor y falta de fe. Una persona humilde dice: «Con la ayuda de Dios lo haré». Reconoce quién es y quién es Dios.

Cuando David llegó a visitar a sus hermanos que peleaban en la guerra contra los filisteos, supo que el paladín filisteo todos los días retaba a los israelitas y preguntaba quién se atrevía a pelear contra él. Cuando David decidió hacerlo, todos le dijeron:

—No puedes pelear contra él. Es muy grande. Si nosotros no podemos, menos tú.

—Yo voy con la ayuda de Dios —respondió David.

Demostró un espíritu humilde porque no dijo que lo haría por sus fuerzas, sino por el poder de Dios. De la misma manera, algunas personas no quieren tener grandes sueños por el concepto erróneo de confundir la humildad con el temor. Jamás tengamos miedo de tener proyectos grandes, porque nuestro Dios es más grande que cualquier proyecto.

2. Confundimos la conformidad con la pereza

Pablo dice en Filipenses 4.11:

No lo digo porque tenga escasez, pues he aprendido a contentarme, cualquiera que sea mi situación.

Con esto no estaba diciendo que no tenía metas, ni ambiciones. Estaba afirmando que aunque tenía metas y no las había alcanzado todavía, seguía hacia delante. Había aprendido a conformarse con cualquier circunstancia porque sabía que llegaría a su meta. Algunos viven conformes con lo que tienen porque saben que si obtienen algo más, les costará más.

Cuidado con la pereza. La pereza es el mayor estorbo cuando se intenta lograr algo grande para el Señor. Cuando nos vemos que lograr algo cuesta trabajo (quizás hay que levantarse más temprano, porque se requiere más tiempo; o sacrificar nuestra siesta) preferimos seguir igual, y decimos: «Dios me quiere así». Y no es verdad. Dios quiere que utilice sus recursos para la honra y gloria de su nombre. Sea diligente. No confunda la conformidad con la pereza.

3. Confundimos los pensamientos pequeños con la espiritualidad

No siempre las cosas pequeñas son espirituales. Mucha gente me dice: «Yo sirvo a Dios poquito pero de corazón». Mi respuesta es: «¡Mejor sírvele de corazón pero mucho!» Otros dicen: «Así me hizo el Señor y así le voy a servir». No le eche la culpa al Señor de su pereza. Él quiere que usted crezca. Recuerde que Dios no pide ni poco ni mucho: lo pide todo.

II. Debemos tener fe en Dios

Para vivir con excelencia y por encima de lo ordinario debemos confiar en Dios. Jabes no tan solo tenía un gran deseo sino que tenía una fe fuerte en Dios. Tenía una profunda confianza y fe en Dios. Tuvo fe suficiente para orar y esperar una respuesta de Dios. Una cosa es creer en Dios y otra es creer *a* Dios. Tenemos que decirnos: «Si Él lo dijo, Él lo hará.

Leamos de nuevo el versículo 10:

E invocó Jabes al Dios de Israel, diciendo: ¡Oh si me dieras bendición y ensancharas mi territorio, y si tu mano estuviera conmigo y me libraras de mal, para que no me dañe! Y le otorgó Dios lo que pidió.

Dios nos ha dado el poder necesario a través de su Espíritu para que seamos usado para su gloria. No nos preocupemos de lo que no podemos hacer. Basta con tener fe para hacer lo que hacemos. La Biblia nos da algunos datos muy interesantes sobre Jabes. No menciona que tenía talentos o dones especiales. No dice si era rico o pobre, educado o ignorante. Lo único que dice es que era un hombre con una fe extraordinaria. Dios nos ama y le gusta encargar trabajos extraordinarios a las personas ordinarias que creen en él y confían en su voluntad.

Esto ha sido una realidad a través de la historia. El Señor escogía a gente común para que le sirvieran. Aunque no estaban preparados, los capacitaba para realizar cosas extraordinarias, increíbles. La fe de Jabes lo llevó a creer que Dios le ayudaría, y por eso aumentó sus metas y sueños. Hay algo más importante que el talento, más importante que la habilidad y la educación: la fe. Por creer que tenemos muchos talentos, habilidades y educación, podemos llegar a desconfiar de Dios, o a atenernos a lo que sabemos, a lo que somos, a lo que tenemos. Y no me mal entiendan. No estoy en contra de la educación. Al contrario, creo que es bueno saber y estudiar. Admiro a la persona educada. Pero toda sabiduría humana siempre debe ir acompañada de fe en Dios. Uno crece al creer que Dios hará en su vida una obra perfecta. Jabes fue un hombre extraordinario porque tenía una fe creciente.

Otra cosa que me admira de este hombre es que quizás padecía de un impedimento físico, o su condición puede no haber sido muy envidiable tras el muy doloroso parto de su madre. Al nacer, su madre le puso Jabes, que en hebreo quiere decir «Doloroso». Pero la fe de Jabes era más grande que los obstáculos que había en su vida, y aunque para su madre y amigos era solo un dolor, tuvo fe suficiente para pedirle al Señor que le ayudara. A pesar de su experiencia de dolor tuvo fe suficiente para mirar hacia adelante e intentar grandes cosas.

¿Cuál es nuestro impedimento?¿ Será físico o espiritual? ¿Será el haber tenido una infancia infeliz? ¿Nos hemos sentido decepcionado en su trabajo o hemos tenido problemas en el matrimonio? ¿Qué nos impide estar más allá de lo ordinario y buscar la excelencia para poder vivirla? Cualquiera que sea nuestro problema encontramos una solución en Marcos 9.23:

Jesús le dijo: Si puedes creer, al que cree todo le es posible.

No importa cuáles sean nuestros impedimentos ni si hay algún obstáculo en nuestro camino, saldremos adelante si tenemos fe. Aunque tuvo un impedimento, Jabes tuvo una fe grande y pudo sobrepasar y vencer todo impedimento. Cuando no hay fe en cuanto al futuro, no hay poder para el presente.

III. Debemos vivir una vida de oración

El tercer secreto en la vida de Jabes fue su vida de oración. Fue la oración de Jabes lo que le dio un lugar honorable en la Biblia, y aún en la actualidad seguimos hablando de él después de miles de años. La vida de Jabes nos ilustra tres cosas que podemos pedirle a Dios y confiar en que él responderá. Tres fueron sus peticiones contestadas.

1. La cobertura de Dios

Si usted es una persona ordinaria que quiere vivir por encima de lo ordinario, lo primero que necesita es que el poder de Dios en su vida lo cubra. Esto hace la diferencia. Jabes pidió un poder más grande que el suyo para lograr sus sueños. Oró pidiendo la bendición *(V. 10)*.

> *E invocó Jabes al Dios de Israel, diciendo: ¡Oh si me dieras bendición y ensancharas mi territorio, y si tu mano estuviera conmigo y me libraras de mal, para que no me dañe! Y le otorgó Dios lo que pidió*

La oración de Jabes fue especifica. Al principio suena un tanto egoísta. Cuando leí estos versículos, pensé: ¿Puede uno pedir más riquezas o propiedades? Pero déjeme decirle que Dios le contestó, porque lo que Jabes tenía era un gran deseo de superarse, una gran ambición. No es malo tener una ambición, un deseo en la vida. Ojalá tengamos alguna, ya sea grande o pequeña, siempre que no sea mala. Las ambiciones en sí no son ni buenas ni malas. Lo que las hace buenas o malas son *los motivos*. El motivo de Jabes era legítimo, porque Dios le concedió su petición.

Dios nos reta a que le pidamos en grande. Tenemos un Dios tan grande que si nos quedamos así es porque queremos, porque no usamos sus recursos, porque no nos preocupamos y pensamos que si se lo pedimos a Dios se va a ofender. Tenemos muchas citas bíblicas donde Dios nos reta a pedir y esperar. Un ejemplo lo tenemos en Santiago 4.2

> *Codiciáis, y no tenéis; atáis y ardéis de envidia, y no podéis alcanzar; combatís y lucháis, pero no tenéis lo que deseáis, porque no pedís.*

Clama a mí, y yo te responderé, y te enseñaré cosas grandes y ocultas que tú no conoces (Jeremías 33.3).

Y a Aquel que es poderoso para hacer todas las cosas mucho más abundantemente de lo que pedimos o entendemos, según el poder que actúa en nosotros (Efesios 3.20).

Así que no tenemos porque no pedimos, porque no oramos. No importa cuánto se estire ni qué tan grande sea su imaginación, Dios puede irse más allá. Dios tiene para darme más de lo que podamos tener para pedirle. Cuando le pedimos, Él siempre nos da más. Dios alimenta con cinco panes y dos peces a una multitud. Eso puede hacer Dios en nosotros con su poder. No hay cosa que no podamos hacer. Dios desea cubrirnos con todas sus bendiciones. Muchas veces Dios quiere bendecirnos más de lo que estamos dispuesto a recibir.

2. La compañía de Dios (v. 10)

E invocó Jabes al Dios de Israel, diciendo: ¡Oh si me dieras bendición y ensancharas mi territorio, y si tu mano estuviera conmigo y me libraras de mal, para que no me dañe! Y le otorgó Dios lo que pidió

Tu mano esté conmigo. Jabes comprendió que si obtenía más territorio, tendría más responsabilidades, demandas y presiones. Mucha gente pasa por depresiones porque Dios no está en el cuadro de su vida. Cuando estamos conscientes de la presencia de Dios y de su compañía en nuestro trabajo, en nuestra casa o en cualquier otro lugar. Las presiones, tensiones y responsabilidades serán menos porque estaremos confiando en que Dios siempre estará con nosotros. Por eso Jabes pidió que Dios lo acompañara. La presencia de Dios haría una gran diferencia.

3. El cuidado de Dios (V.10)

E invocó Jabes al Dios de Israel, diciendo: ¡Oh si me dieras bendición y ensancharas mi territorio, y si tu mano estuviera conmigo y me libraras de mal, para que no me dañe! Y le otorgó Dios lo que pidió.

Este hombre pidió la protección y el cuidado de Dios. ¿Por qué lo hizo? Porque en esos días entre más terreno se tenía más conocido se era y mayor influencia se tenía. En nuestros tiempos es lo mismo: entre más poder, riquezas y fama se obtenga, entre más conocido sea una persona, más lo critican y más lo envidian. Y no solo estoy refiriéndome al ámbito secular sino también al cristiano. Entre más usa Dios a la persona y esta va creciendo en el Señor, mayor es la crítica y la envidia. Mientras más cerca estemos de Dios, más el diablo nos molestará. Satanás quiere que vivamos una vida por debajo de lo normal, muy por abajo de lo ordinario, una vida sin excelencia, en derrota; pero si combinamos las tres peticiones que hizo Jabes, viviremos una vida de excelencia, bien por encima de lo ordinario.

¿Queremos salir de la mediocridad? ¿Queremos ver a Dios obrar en nuestra vida? ¿Queremos ver nuestras oraciones contestadas? Entonces dejemos de poner excusas.

Las excusas que se dan cuando no se logra la excelencia viene en paquetes diferentes. Por ejemplo, decimos:

- «Yo no lo hice». Esta es la actitud de cuando se hizo algo mal se niega que se hizo.

- **«No está tan mal».** Esta es la actitud de decir que lo hicimos, pero que no está tan mal porque pudiera haber sido peor.
- **«Sí, pero».** Esta es la actitud en que cuando perdemos o fracasamos tratamos de excusarnos y eludir la responsabilidad.

La gente dice frases absurdas al dar una excusa por su falta de excelencia. Muchos son bien creativos. Si pusiéramos la misma creatividad y tiempo en el esfuerzo por alcanzar la excelencia que en el esfuerzo de excusarnos por no alcanzarla, las cosas irían mucho mejor. Cuando no queremos hacer nada, una excusa es tan buena como cualquier otra.

Los cristianos no se quedan detrás en cuanto a presentar excusas. Una de las cosas que he encontrado en la comunidad cristiana es que ha llegado a cierto grado de excelencia en el arte de presentar pretextos. No conozco de ningún grupo que presente mejores explicaciones del porqué no han hecho los cosas como deben hacerse. ¡Qué tristeza! Si alguien debiera de funcionar en un nivel de excelencia deberían de ser los cristianos. Muchas veces no logramos excelencia porque no queremos cambiar.

Excusas probadas de los que resisten el cambio hacia la excelencia

- Ya lo hemos intentado
- Nuestra iglesia es diferente
- Cuesta mucho
- El cambio es muy radical
- No tenemos el tiempo
- No hay la ayuda suficiente
- Nuestra iglesia es demasiada pequeña

- La congregación nunca lo aceptará
- Nunca lo hemos hecho así

Una palabras finales

Quiero contarles algo que nos hará reflexionar sobre lo afortunados que somos. La mayoría de las veces no nos damos cuenta de esto y vivimos amargados pensando en nuestras «tragedias», cuando más bien deberíamos estar agradecidos a Dios por todos los triunfos que tenemos en Cristo.

Si al comenzar a leer esto se siente deprimido, recuerde que...

- Si se ha despertado hoy con más salud que enfermedad, está mucho mejor que el millón que no va a sobrevivir esta semana.
- Si nunca ha conocido los peligros de la guerra, la soledad de la prisión, la agonía de la tortura, los dolores del hambre, está por delante de 500 millones de personas en el mundo.
- Si puede ir a la iglesia o al templo sin que lo persigan, y sin que lo torturen, arresten ni asesinen, está más bendecido que tres millones de personas en este planeta.
- Si tiene comida en su refrigerador, lleva la ropa limpia, tiene más que ponerse, tiene un techo encima de su cabeza y un lugar seguro donde dormir, está más rico que el 75% del resto.
- Si tiene dinero en el banco, en su cartera y unas monedas en una jarra en su casa, es parte del 8% de la población próspera del mundo entero.
- Si sus padres están todavía vivos y casados, usted es muy poco común.

- Si lleva una sonrisa en el rostro, y es agradecido por todo, tiene una bendición. La mayoría de la gente lo puede hacer pero no lo hace.
- Si puede tomar la mano de alguien, abrazarlo o solamente tocar su hombro, tiene una bendición, por que puede ofrecer el toque divino que alivia.
- Si puede leer esto, has recibido doble bendición. Primero, porque alguien ha pensado en usted; y segundo, porque tiene el privilegio de leer. Hay millones de personas que no saben leer.

En vista de todo lo anterior, cuente sus bendiciones... y siéntase feliz que tiene muchas razones para ello.

¿Por qué ser agradecidos?

Leamos una hermosa historia que se encuentra en Lucas 17.11-19:

Yendo Jesús a Jerusalén, pasaba entre Samaria y Galilea. Y al entrar en una aldea, le salieron al encuentro diez hombres leprosos, los cuales se pararon de lejos y alzaron la voz, diciendo: ¡Jesús, Maestro, ten misericordia de nosotros! Cuando él los vio, les dijo: Id mostraos a los sacerdotes. Y aconteció que mientras iban fueron limpiados. Entonces uno de ellos, viendo que había sido sanado , volvió glorificando a Dios a gran voz, y se postró en tierra a sus pies dándole gracias; y éste era samaritano. Respondiendo Jesús, dijo: ¿No son diez los que fueron limpiados? Y los nueve, ¿dónde están? ¿No hubo quien volviese y diese gloria a Dios sino este extranjero? Y le dijo: Levántate, vete; tu fe te ha salvado.

¿Cuántos de nosotros no hemos llegado ante Dios con una lepra de problemas, enfermedades, circunstancias que están totalmente fuera de nuestro control y sabiendo que humanamente no hay solución? Es entonces que clamamos a Dios, como lo hicieron aquellos diez leprosos. Veamos el versículo 13

y alzaron la voz, Jesús, Maestro, ¡ten misericordia de nosotros!

Nuestro Señor, al escucharlos, se apiadó de ellos y les dijo que fueran a mostrarse al sacerdote. En aquel entonces obligaban a los leprosos a vivir totalmente apartados de los demás. No podían entrar a la ciudad. Pero si un leproso sanaba, lo primero que tenía que hacer era ir al sacerdote, ya que era el único que podía declararlo limpio de esa enfermedad y permitirle reintegrarse a la comunidad. Así que lo que podemos observar de estos leprosos es que tuvieron una fe tremenda en las palabras de Jesús, lo cual demostraron al obedecerle e ir a mostrarse al sacerdote, aun cuando todavía no habían sido sanados, como lo podemos corroborar en el versículo 14.

Cuando él los vio, les dijo: Id mostraos a los sacerdotes. Y aconteció que mientras iban fueron limpiados.

Mientras iban es que fueron sanados. Entonces uno de ellos glorificó a Dios y regresó a postrarse agradecido ante Jesús. Al hacerlo, aquel hombre, que era samaritano, estaba reconociendo a Jesús como Salvador y Señor. Sin embargo, en los versículos 17 y 18 podemos ver el corazón quebrantado de Dios:

Respondiendo Jesús, dijo; ¿No son diez los que fueron limpiados? Y los nueve, ¿dónde están? ¿No hubo quien volviese y diese gloria a Dios sino este extranjero?

Fueron diez los que pidieron misericordia, pero solo uno fue el que dio gloria a Dios. Solo uno supo ser agradecido.

¿Cómo está nuestro agradecimiento a Dios? ¿Qué ha hecho el Señor en nuestra vida? Muchas veces somos como aquellos leprosos. Cuando tenemos un problema ya sea familiar, económico o de salud, clamamos a Dios; pero cuando Él ha contestado nuestras peticiones y cumplido nuestros deseos, damos media vuelta y nos olvidamos de alabarle y darle las gracias.

Por eso nuestro Dios sigue preguntando con dolor: *¿Dónde están aquellos que me pedían?*.

Cuatro razones por las que siempre debemos ser agradecidos

I. Debemos ser agradecidos porque tenemos el triunfo

No hay problema que nuestro Dios no puede superar y tenemos la garantía de parte de Él de vivir de triunfo en triunfo. 2 Corintios 2.14 dice:

A Dios gracias, el cual nos lleva siempre en triunfo en Cristo Jesús, y por medio de nosotros manifiesta en todo lugar el olor de su conocimiento.

Por esta razón debemos agradecer a Dios aun en medio

de la prueba. Podemos tener la seguridad de que viviremos triunfando en Cristo Jesús.

II. Debemos ser agradecidos por lo que podemos decir, y seguir lo que dice Colosenses 3.17

Todo lo que hacéis, sea de palabra o de hecho, hacedlo todo en el nombre del Señor Jesús, dando gracias a Dios Padre por medio de Él

Todo el que pueda hablar dé gracias a Dios. Hoy podemos hacerlo porque pudimos levantarnos de la cama, bañarnos, peinarnos, desayunar, ir a trabajar, conducir el auto. Demos gracias a Dios por todo lo que podemos hacer.

III. Debemos ser agradecidos por lo que recibimos
Como dice 1 Tesalonicenses 5.18:

Dad gracias en todo, por que esta es la voluntad de Dios para con vosotros en Cristo Jesús.

Así es. Debemos dar gracias por todo lo que recibimos, ya sea bueno o malo. Cuando somos agradecidos, por muy mala que sea nuestra situación, todo puede transformarse en una bendición. Si está cocinando y se quema una mano, dele gracias a Dios porque no se quemó todo el cuerpo.

Hace poco tiempo que decidí empezar a caminar como ejercicio. Una mañana me desperté y parecía que escuchaba una voz que me decía: ¡No te levantes! Pero también algo me decía: ¡Después vas a estar con dolores musculares!

Con mucho trabajo y de mala gana me levante y empecé a caminar. Fue una batalla conmigo mismo, pero mientras lo hacaí agradecí a Dios por poder hacerlo. De pronto, dejé de sentirme cansado. Empecé a disfrutar lo que estaba haciendo y ese día caminé un poco más de lo normal. Hay una gran transformación en el agradecimiento. Lo que quiero decir es que tenemos que aprender a ser agradecidos con Dios por todo y en todo.

IV. Debemos ser agradecidos porque eso quiere Dios

> *Dad gracias en todo, porque esta es la voluntad de Dios para con vosotros en Cristo Jesús (1 Tesalonicenses 5.18).*

La voluntad de Dios es que le demos gracias. Me considero deudor a Dios. Lo menos que puedo hacer es servirle y agradecerle en medio de cualquier circunstancia. En 1996 renuncié a la primera iglesia que había fundado y en la que había servido durante diecisiete años. Mi esposa Rosye y yo nos sentíamos bien solos, lastimados y desanimados. Hice un pacto con Dios, aunque Él no lo hizo conmigo, de que ya no sería pastor. El primer domingo me sentí tan raro que me puse a llorar con mi esposa. Pensaba: ¿y ahora adónde ir?

Mi esposa fue toda una campeona. Me dio palabras de ánimo y motivación, y me recordó las promesas de Dios. Le di muchas gracias a Dios por la compañera que me dio y que ha estado a mi lado más de veintitrés años (Rosye, Abel Isaac y Damaris muchas gracias). Dios habló a mi vida de una manera especial, a través de una alabanza llamada «El

poder de tu amor». Me hizo entender que Él tenía un propósito mayor en mi vida. Me hizo sentir que estaba conmigo, y me dio nuevas fuerzas como las del águila. Podemos
ser agradecidos porque cuando más débiles somos o nos
sentimos, Dios nos levanta.

Hoy quiero agradecerle a nuestro Dios la oportunidad
que me da de poner en sus manos este libro. Tal vez usted
está cansado, deprimido y piensa: «No tengo nada que
agradecerle a Dios: apenas voy a sobrevivir este año». No,
no diga eso. Usted debe considerarse privilegiado porque
está con vida y tiene una razón para vivir que es Cristo Jesús. ¡En Él usted puede cambiar sus tragedias en triunfos!

Acerca del autor

El Pastor Abel Ledezma nació en el estado de Nuevo México, Estados Unidos. Desde su juventud ha estado permanentemente activo en el ministerio. Su experiencia de 28 años de servicio incluye el haber dictado conferencias para diferentes denominaciones y organizaciones cristianas en Estados Unidos, Puerto Rico, México y Centroamérica. En 1998 volvió a pastorear, e inició lo que es ahora la Iglesia Centro Familiar Cristiano en San Diego, California. Actualmente es Presidente del Centro de Asesoría en Mayordomía. Su esposa se llama Rosye y tienen dos hijos, Abel Isaac y Damaris.